中国田野考古报告集

考 古 学 专 刊

丁种第一百零九号

辽 祖 陵

2003～2010年考古调查发掘报告

第五册

中国社会科学院考古研究所
内蒙古自治区文物考古研究院　编著

文物出版社

北京·2022

Zuling Mausoleum of the Liao Dynasty:

Report on the Archaeological Surveys and Excavations from 2003–2010

（V）

By

Institute of Archaeology, Chinese Academy of Social Sciences

Institute of Cultural Relics and Archaeology, Inner Mongolia Autonomous Region

Cultural Relics Press

Beijing · 2022

彩 版（续）

1. 08JJ2E1F1：16

2. 08JJ2①：19

3. 08JJ2①：127

4. 08JJ2①：155

甲组建筑基址北基址出土陶罐

1. 器盖（08JJ2①：7）

2. 器盖（08JJ2①：7）侧

3. 器盖（08JJ2①：128）

4. 器盖（08JJ2②：49）

5. 围棋子（08JJ2①：72）

6. 围棋子（08JJ2①：80）

7. 纺轮（08JJ2①：68）

8. 圆器（08JJ2E1F1：28）

甲组建筑基址北基址出土陶器

1. 骨刷（08JJ2①：11）

4. 石杵（08JJ2①：121）

2. 骨刷（08JJ2①：11）背

5. 石杵（08JJ2①：121）俯视

3. 骨器（08JJ2①：21）

6. 石臼（08JJ2①：106）

甲组建筑基址北基址出土骨器、石器

1. 磨石（08JJ2②：41）

2. 石围棋子（08JJ2①：91）

3. 石饰件（08JJ2①：16）

4. 石饰件（08JJ2①：135）

5. 玛瑙桶珠（08JJ2①：81）

6. 琉璃环（08JJ2②：58）

7. 琉璃桶珠（08JJ2②：7）

甲组建筑基址北基址出土石器、玛瑙器、琉璃器

1. 五铢（08JJ2①：4）

2. 开元通宝（08JJ2①：41-1）

3. 开元通宝（08JJ2①：58）

4. 开元通宝（08JJ2②：20）

5. 开元通宝（08JJ2②：39）

6. 太平通宝（08JJ2①：56）

7. 淳化元宝（08JJ2②：14）

8. 至道元宝（08JJ2①：37-2）

9. 咸平元宝（08JJ2①：84）

甲组建筑基址北基址出土铜钱

1. 景德元宝（08JJ2①：79）

2. 景德元宝（08JJ2②：54）

3. 祥符元宝（08JJ2①：9）

4. 祥符元宝（08JJ2①：103）

5. 祥符元宝（08JJ2②：57）

6. 天禧通宝（08JJ2①：77）

7. 天禧通宝（08JJ2②：55）

8. 天圣元宝（08JJ2①：34）

9. 天圣元宝（08JJ2①：44）

甲组建筑基址北基址出土铜钱

1. 天圣元宝（08JJ2①：55）

2. 天圣元宝（08JJ2①：62–1）

3. 景祐元宝（08JJ2①：22）

4. 景祐元宝（08JJ2②：2）

5. 皇宋通宝（08JJ2①：33）

6. 皇宋通宝（08JJ2①：54–1）

7. 皇宋通宝（08JJ2②：56–1）

8. 至和元宝（08JJ2②：40–1）

9. 治平元宝（08JJ2①：30）

甲组建筑基址北基址出土铜钱

1. 熙宁元宝（08JJ2①：5）

2. 熙宁元宝（08JJ2①：27）

3. 熙宁元宝（08JJ2①：35）

4. 熙宁元宝（08JJ2①：104）

5. 熙宁元宝（08JJ2②：1）

6. 熙宁元宝（08JJ2②：8）

7. 熙宁元宝（08JJ2②：56-2）

8. 元丰通宝（08JJ2E1F1：15）

9. 元丰通宝（08JJ2①：28）

甲组建筑基址北基址出土铜钱

1. 元丰通宝（08JJ2①：36）

2. 元丰通宝（08JJ2①：45）

3. 元丰通宝（08JJ2①：62-2）

4. 元丰通宝（08JJ2①：78）

5. 元丰通宝（08JJ2①：99）

6. 元丰通宝（08JJ2②：12）

7. 元丰通宝（08JJ2②：13）

8. 元丰通宝（08JJ2②：16）

9. 元祐通宝（08JJ2E1F1：14）

甲组建筑基址北基址出土铜钱

1. 元祐通宝（08JJ2①：采1）　　2. 元祐通宝（08JJ2①：18）　　3. 元祐通宝（08JJ2①：62-3）

4. 绍圣元宝（08JJ2①：51）　　5. 绍圣元宝（08JJ2②：3）　　6. 绍圣元宝（08JJ2②：17）

7. 圣宋元宝（08JJ2②：23）　　8. 崇宁通宝（08JJ2②：6）　　9. 大观通宝（08JJ2①：37-1）

甲组建筑基址北基址出土铜钱

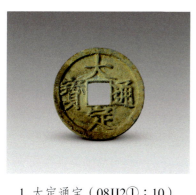

1. 大定通宝（08JJ2①：10）

2. 正隆元宝（08JJ2②：5）

3. 残钱（08JJ2E1F1：12）

4. 残钱（08JJ2①：6）

5. 残钱（08JJ2①：37-3）

6. 残钱（08JJ2①：41-2）

7. 残钱（08JJ2①：43-1）

8. 残钱（08JJ2①：43-2）

9. 残钱（08JJ2①：54-2）

10. 残钱（08JJ2①：54-3）

11. 残钱（08JJ2①：69）

12. 残钱（08JJ2②：40-2）

甲组建筑基址北基址出土铜钱

1. 文字板瓦（08JJ2①：24）

2. 刻划纹板瓦（08JJ2①：23）

3. 指甲纹板瓦（08JJ2①：152）

4. 波曲纹板瓦（08JJ2①：153）

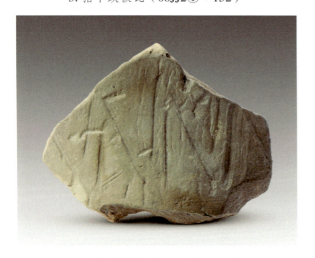

5. 波曲纹板瓦（08JJ2①：154）

甲组建筑基址北基址出土板瓦

1. 08JJ2①：114

2. 08JJ2①：114（内）

3. 08JJ2①：115

4. 08JJ2①：115（内）

5. 08JJ2①：116

6. 08JJ2①：116（内）

甲组建筑基址北基址出土板瓦

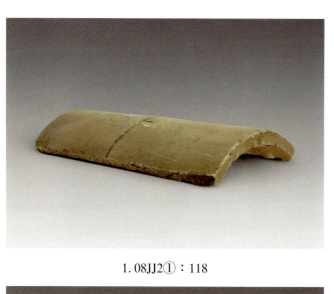

1. 08JJ2①：118

2. 08JJ2①：118（内）

3. 08JJ2①：119

4. 08JJ2①：119（内）

5. 08JJ2①：120

6. 08JJ2①：120（外）

甲组建筑基址北基址出土板瓦

1. 筒瓦（08JJ2①：113）

2. 筒瓦（08JJ2①：113）内

3. 筒瓦（08JJ2①：117）

4. 筒瓦（08JJ2①：117）内

5. 兽面瓦当（08JJ2①：1）

6. 兽面瓦当（08JJ2①：1）侧

甲组建筑基址北基址出土筒瓦、瓦当

1. 08JJ2①：2

4. 08JJ2①：93

2. 08JJ2①：20

5. 08JJ2①：93（背）

3. 08JJ2①：65

6. 08JJ2②：60

甲组建筑基址北基址出土兽面瓦当

1. 08JJ2①：129

2. 08JJ2①：130

3. 08JJ2①：131

4. 08JJ2①：132

5. 08JJ2①：133

6. 08JJ2①：134

甲组建筑基址北基址出土滴水

1. 08JJ2①：109

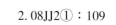

2. 08JJ2①：109

3. 08JJ2①：110

4. 08JJ2①：110

5. 08JJ2①：112

6. 08JJ2①：112

甲组建筑基址北基址出土长方形沟纹砖

1. 长方形沟纹砖（08JJ2①：108）

2. 长方形沟纹砖（08JJ2①：108）

3. 长方形沟纹砖（08JJ2①：111）

4. 长方形沟纹砖（08JJ2①：111）

5. 方形沟纹砖（08JJ2①：107）

6. 方形沟纹砖（08JJ2①：107）

甲组建筑基址北基址出土砖

1. 08JJ2①：156

2. 08JJ2①：158-1

3. 08JJ2①：158-2

4. 08JJ2①：158-3

甲组建筑基址北基址出土石柱础残块

1. 锅（08T42②：19）　　　　　　　　2. 匕（08T45④：1）

3. 矛（08T45①：23）　　4. 四棱镞（08T45①：11）　　5. 亚腰镞（08T35①：1）

6. 亚腰镞（08T42②：5）　　7. 亚腰镞（08T42②：7）　　8. 亚腰镞（08T42②：8）

甲组建筑基址北基址表土及基址外出土铁器

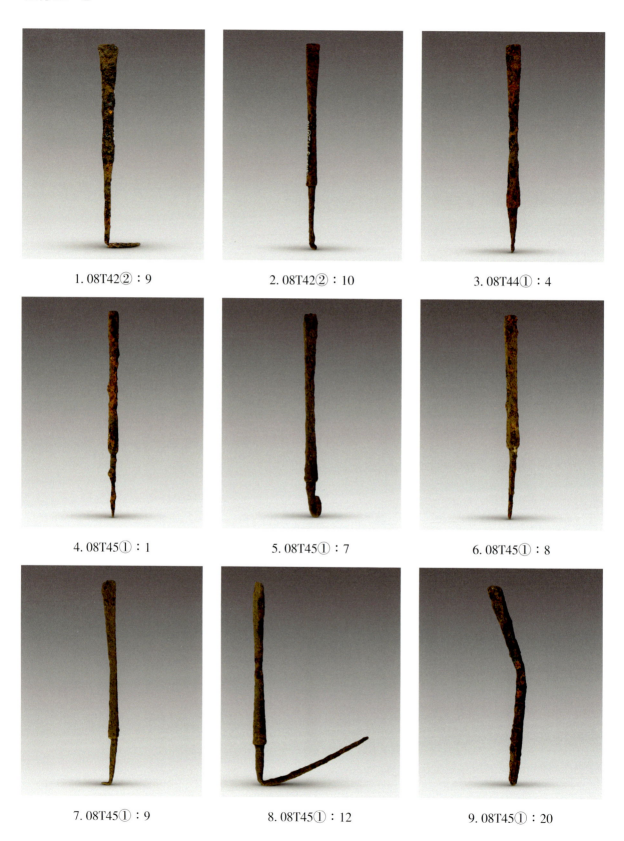

1. 08T42②：9　　　　　2. 08T42②：10　　　　　3. 08T44①：4

4. 08T45①：1　　　　　5. 08T45①：7　　　　　6. 08T45①：8

7. 08T45①：9　　　　　8. 08T45①：12　　　　　9. 08T45①：20

甲组建筑基址北基址表土及基址外出土铁亚腰镞

1. 甲片（08T42②：2）

2. 甲片（08T42②：12）

3. 甲片（08T42②：16）

4. 挂钩（08T45①：10）

5. 带环（08T44①：7）

6. 针（08T45①：5）

甲组建筑基址北基址表土及基址外出土铁器

1. 钉（08T42②：1）

2. 钉（08T42②：6）

3. 钉（08T43①：3）　　4. 钉（08T43①：3）

5. 片状带孔构件（08T45①：17）

6. 条状带孔构件（08T45①：27）

7. 铁器（08T43①：7）

甲组建筑基址北基址表土及基址外出土铁器

1. 铜环（08T55②A：1）

2. 铜构件（08T44①：13）

3. 瓷罐（08T35①：2）

4. 瓷罐（08T45①：25）

5. 瓷碗（08T43①：8）

6. 瓷碗（08T43①：8）俯视

甲组建筑基址北基址表土及基址外出土铜器、瓷器

1. 瓷盘（08T45①：26-1）

2. 瓷盘（08T45①：26-2）

3. 瓷片（08T34①：3）

4. 瓷片（08T45①：24）

5. 陶器口沿（08T42②：15）

6. 陶纺轮（08T43①：2）

甲组建筑基址北基址表土及基址外出土瓷器、陶器

1. 石棋子（08T42②：4）

2. 石棋子（08T42②：11）

3. 石棋子（08T42②：17）

4. 石棋子（08T43①：6）

6. 琉璃器（08T45①：18）

5. 石棋子（08T45①：6）

7. 石雕残块（08T42②：18）

甲组建筑基址北基址表土及基址外出土石制品、琉璃器

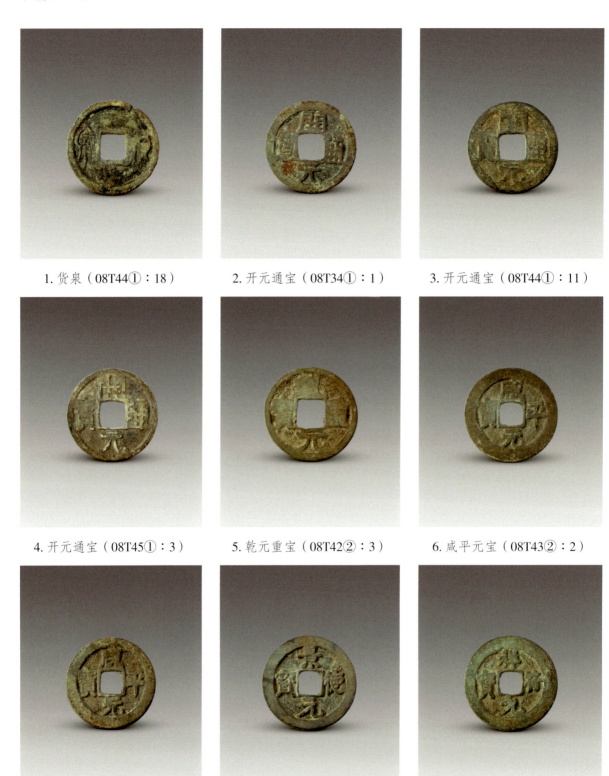

1. 货泉（08T44①：18）　　2. 开元通宝（08T34①：1）　　3. 开元通宝（08T44①：11）

4. 开元通宝（08T45①：3）　　5. 乾元重宝（08T42②：3）　　6. 咸平元宝（08T43②：2）

7. 咸平元宝（08T44①：15）　　8. 景德元宝（08T45①：13）　　9. 祥符元宝（08T43①：4）

甲组建筑基址北基址表土及基址外出土铜钱

1. 天圣元宝（08T44①：3-1）

2. 天圣元宝（08T44①：6）

3. 天圣元宝（08T44①：12）

4. 明道元宝（08T45①：21）

5. 景祐元宝（08T44①：9）

6. 皇宋通宝（08T44①：5）

7. 皇宋通宝（08T44①：14）

8. 皇宋通宝（08T45①：2）

9. 至和元宝（08T55①：1）

甲组建筑基址北基址表土及基址外出土铜钱

1. 嘉祐通宝（08T44①：10-1）　　2. 嘉祐通宝（08T45①：16）　　3. 嘉祐元宝（08T45①：4）

4. 嘉祐元宝（08T45①：19）　　5. 熙宁元宝（08T42②：14）　　6. 熙宁元宝（08T43①：1）

7. 熙宁元宝（08T44①：17）　　8. 熙宁元宝（08T45①：14-1）　　9. 熙宁元宝（08T53①：1）

甲组建筑基址北基址表土及基址外出土铜钱

1. 元丰通宝（08T44①：1）　　2. 元祐通宝（08T44①：2）　　3. 元祐通宝（08T44①：16）

4. 圣宋元宝（08T43①：5）　　5. 崇宁重宝（08T34①：2）　　6. 残钱（08T43②：1）

7. 残钱（08T43②：3）　　8. 残钱（08T44①：3-2）　　9. 残钱（08T44①：8-1）

甲组建筑基址北基址表土及基址外出土铜钱

1. 残铜钱（08T44①：8-2）

2. 残铜钱（08T44①：10-2）

3. 残铜钱（08T45①：14-2）

4. 残铜钱（08T45①：14-3）

5. 残铜钱（08T45①：15）

6. 石碑残块（08T45①：22）

甲组建筑基址北基址表土及基址外出土铜钱、石碑残块

1. 烙铁（08G1①：2）

2. 烙铁（08G1①：2）

3. 镰刀（08G1②：1）

4. 镰刀（08G1②：3）

5. 亚腰镢（08G1①：1）

6. 亚腰镢（08G2①：1）

7. 亚腰镢（08G2②：2）

甲组建筑基址东基址出土铁器

1. 铁甲片（08G2②：4）

2. 铁器（08G2②：1）

3. 铁器（08G1②：2）

4. 铁器（08G1②：2）

5. 骨器（08G1②：4）

6. 骨器（08G1②：4）

甲组建筑基址东基址出土铁器、骨器

1. 石臼（08G1①：3）

2. 石臼（08G1①：3）

3. 文字砖（08G1①：4）

4. 文字砖（08G1①：4）

5. 棋盘砖（08G2②：3）

甲组建筑基址东基址出土石器、砖

二号建筑基址全景（东—西）

二号建筑基址西高台（L2J1）和东高台（L2J2）远景（西南—东北）

1. G17（西—东）

2. G18（北—南）

二号建筑基址东高台（L2J2）探沟试掘

1. 台基南壁包砖（南—北）

2. 台基南壁包砖（东—西）

二号建筑基址西高台（L2J1）

1. 台基西壁包砖（西—东）

2. 台基东壁包砖（东—西）

二号建筑基址西高台（L2J1）

2. 台基西侧坑1（北—南）

1. 台基西部地面铺砖（西—东）

3. 台基西侧坑1出土部分遗物（北—南）

二号建筑基址西高台（L2J1）

1. 台基南壁包石（南—北）

2. 台基北壁包石（北—南）

二号建筑基址东高台（L2J2）

1. 台基北壁包石（东—西）

2. 台基东侧石阶（东—西）

二号建筑基址东高台（L2J2）

1. 台基地面局部（北—南）

2. 台基地面G18J2K1（南—北）

二号建筑基址东高台（L2J2）

1. 台基上南北向砖墙与灶坑（北—南）

2. 台基上南北向砖墙（西—东）

二号建筑基址东高台（L2J2）

1. 东高台台基东G20（南—北）

2. 东平台东南角（东南—西北）

二号建筑基址东高台（L2J2）和东平台（L2J3）

1. 登山路全景（南—北）

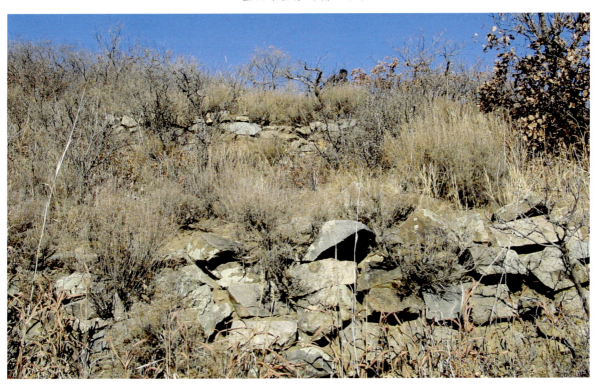

2. 登山路二层石护坡（南—北）

二号建筑基址南侧登山路

1. 南侧登山路D5东转角（东—西）

2. 盗洞所见L2J4建筑址堆积

二号建筑基址南侧登山路和登山路一号基址（L2J4）

1. 铁镞［09（二）G19坑1：1］

2. 铁块［09（二）G16②：7］

3. 铁块［09（二）G19坑1：5］

4. 石像残块［09（二）G16②：1］

5. 石像残块［09（二）G16②：4］

6. 石像残块［09（二）G16②：4］背

二号建筑基址西高台出土铁器、石制品

1. 09（二）G19坑1：2

2. 09（二）G19坑1：8

3. 09（二）G19坑1：7

4. 09（二）G19坑1：7（侧）

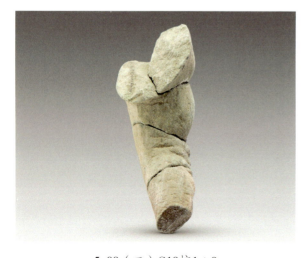

5. 09（二）G19坑1：9

6. 09（二）G19坑1：10

二号建筑基址西高台出土石像残块

1. 09（二）G19坑1：11

2. 09（二）G19坑1：15

3. 09（二）G19坑1：12

4. 09（二）G19坑1：12（背）

5. 09（二）G19坑1：14

6. 09（二）G19坑1：14（背）

二号建筑基址西高台出土石像残块

1. 石像残块〔09（二）G19坑1：19〕

2. 石像残块〔09（二）G19坑1：20-1〕

3. 石像残块〔09（二）G19坑1：20-2〕

4. 石像残块〔09（二）G19坑1：20-3〕

5. 石雕残块（03（二）L2J1：采7〕

6. 石雕残块〔09（二）G16①：1〕

二号建筑基址西高台出土石制品

1. 09（二）G16①：2

2. 09（二）G16②：2

3. 09（二）G16②：3

4. 09（二）G19④：1

5. 09（二）G19坑1：13

6. 09（二）G19坑1：17

二号建筑基址西高台出土石雕残块

图版四〇四

1. 09（二）G19坑1：16　　　　　　2. 09（二）G19坑1：16（背）

3. 09（二）G19坑1：18　　　　　　4. 09（二）G19坑1：21

5. 09（二）G19坑1：21（正）　　　　6. 09（二）G19坑1：21（侧）

二号建筑基址西高台出土石雕残块

1. 09（二）G19坑1：22

2. 09（二）G19坑1：23

3. 09（二）G19坑1：24（正）

4. 09（二）G19坑1：24（背）

5. 09（二）G19坑1：25（正）

6. 09（二）G19坑1：25（背）

二号建筑基址西高台出土石雕残块

1. 09（二）G19坑1：26

2. 09（二）G19坑1：27

3. 09（二）G19坑1：28

4. 09（二）G19坑1：29

5. 09（二）G19坑1：30

6. 09（二）G19坑1：31

二号建筑基址西高台出土石雕残块

1. 09（二）G19坑1：32

2. 09（二）G19坑1：33

3. 09（二）G19坑1：33

4. 09（二）G19坑1：33

5. 09（二）G19坑1：34

6. 09（二）G19坑1：34（侧）

二号建筑基址西高台出土石雕残块

1. 09（二）G19坑1：35

2. 09（二）G19坑1：36

3. 09（二）G19坑1：37

4. 09（二）G19坑1：38

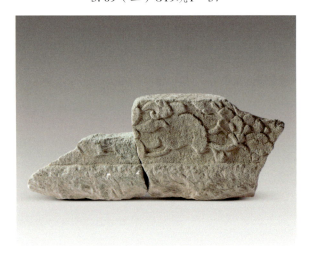

5. 09（二）G19坑1：39

6. 09（二）G19坑1：40

二号建筑基址西高台出土石雕残块

1. 09（二）G19坑1：41   2. 09（二）G19坑1：42

3. 09（二）G19坑1：43   4. 09（二）G19坑1：44

5. 09（二）G19坑1：45   6. 09（二）G19坑1：46

二号建筑基址西高台出土石雕残块

1. 09（二）G19坑1：47

2. 09（二）G19坑1：48

3. 09（二）G19坑1：49

4. 09（二）G19坑1：50

5. 09（二）G19坑1：51

6. 09（二）G19坑1：52

二号建筑基址西高台出土石雕残块

1. 石雕残块［09（二）G19坑1：53］

2. 石雕残块［09（二）G19坑1：53］背

3. 几何纹瓦当［03（二）L2J1：采2］

6. 菱纹砖［03（二）L2J1：采4］

4. 滴水［03（二）L2J1：采3］

5. 滴水［03（二）L2J1：采3］侧

7. 菱纹砖［03（二）L2J1：采4］

二号建筑基址西高台出土石制品、建筑构件

1. 09（二）G16②：5　　　　　　2. 09（二）G16②：6

3. 09（二）G16②：8　　　　　　4. 09（二）G19坑1：3

5. 09（二）G19坑1：4　　　　　　6. 09（二）G19坑1：6

二号建筑基址西高台出土经幢及刻文残块

1. 铁构件［09（二）G17②：7］

4. 铁圆帽钉［09（二）G17②：16］

2. 铁构件［09（二）G17②：17］

3. 铁构件［09（二）G17②：18］

5. 铁扁帽钉［09（二）G17②：19］

6. 鎏金铜构件［09（二）G17②：8］

7. 石构件［09（二）G17②：13］

二号建筑基址东高台出土铁器、铜器、石制品

1. 板瓦［09（二）G17②：3］

2. 板瓦［09（二）G17②：3］内

3. 筒瓦［09（二）G17②：5-1］

4. 筒瓦［09（二）G17②：5-1］内

5. 筒瓦［09（二）G17②：5-2］

6. 筒瓦［09（二）G17②：5-2］内

二号建筑基址东高台出土板瓦、筒瓦

1. 兽面瓦当［09（二）G17②：9］

2. 人面瓦当［09（二）G18②：1］

3. 人面瓦当［09（二）G18②：2］

4. 人面瓦当［09（二）G18②：2］背

5. 莲花纹瓦当［09（二）G17②：6］

6. 莲花纹瓦当［09（二）G18②：5］

二号建筑基址东高台出土瓦当

1. 09（二）G17②：10

4. 09（二）G18②：7

2. 09（二）G18②：4

3. 09（二）G18②：6

5. 09（二）G17②：2

6. 09（二）G17②：15

7. 09（二）G18②：15

二号建筑基址东高台出土几何纹瓦当

1. 09（二）G17②：4

2. 09（二）G17②：4（内）

3. 09（二）G18②：8

4. 09（二）G18②：9-1

5. 09（二）G18②：10-1

6. 09（二）G18②：10-3

二号建筑基址东高台出土滴水

1. 09（二）G18②：11

2. 09（二）G18②：12

3. 09（二）G18②：14

4. 09（二）G17②：11

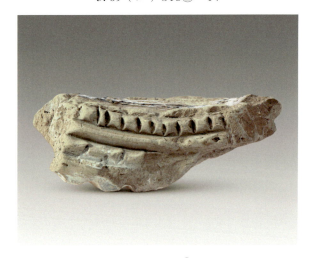

5. 09（二）G17②：12

6. 09（二）G18②：3

二号建筑基址东高台出土滴水

1. 09（二）G18②：9-2

2. 09（二）G18②：10-2

3. 09（二）G18②：16

4. 09（二）G18②：16（内）

5. 09（二）G18②：10-4

6. 09（二）G18②：13

二号建筑基址东高台出土滴水

1. 鸱吻［09（二）G17②：1］

2. 鸱吻［09（二）G17②：14-2］

3. 兽头［09（二）G17②：14-1］

二号建筑基址东高台出土鸱兽

三号建筑基址远景（南—北）

1. 东侧地表所见素平柱础石　　　　2. 西坡地表所见覆盆柱础石

3. G22（南—北）　　　　　4. G23（东—西）

三号建筑基址柱础石

1. 台基东壁包砖（东—西）

2. 台基西壁包砖（西—东）

三号建筑基址

1. 台基南壁包砖及其外砖墙（南—北）

2. 南侧石柱础

三号建筑基址

1. 台基地面铺砖遗迹（北—南）

2. 方格铺地砖

三号建筑基址

1. 陶纺轮［09（三）G23③：1］

2. 陶器底［03（三）J3：采4］

3. 瓷片［03（三）J3：采2］

4. 瓷片［03（三）J3：采2］侧

5. 蚌片［03（三）J3：采3］

6. 五铢［09（三）G22③：1］

7. 景德元宝［09（三）G23①：1］

三号建筑基址出土陶器、瓷器、蚌器、铜钱

1. 人面瓦当［09（三）G22③：2］

2. 几何纹瓦当［09（三）G22②：1］

3. 滴水［03（三）J3：采1］

4. 滴水［09（三）G23②：1］

三号建筑基址出土瓦当、滴水

四号建筑基址发掘前地貌（东—西）

1. 发掘全景（西—东）

2. 南侧石柱础

四号建筑基址

四号建筑基址发掘后全景（上为东）

1. 台基东南角（东南—西北）

2. 台基南壁包砖中段（南—北）

四号建筑基址

1. 台基南壁包砖（南—北）

2. 台基北壁包砖（西—东）

四号建筑基址

1. 台基西侧挡土墙（东—西）

2. 台基西侧挡土墙中段D1（东—西）

四号建筑基址

四号建筑基址踏道及六边形基座（上为东）

四号建筑基址东侧六边形基座（东—西）

四号建筑基址东侧南踏道K1出土遗物

四号建筑基址内主室F1和前堂F2（东—西）

1. 西南角（北—南）

2. 墙内柱础ZD1

3. 墙内柱础ZD3

四号建筑基址内主室F1

1. ZD14

2. ZD13

3. ZD14

四号建筑基址内主室F1墙内柱础

1. 席纹

2. 棋盘图案

四号建筑基址内主室F1铺砖地面

1. F3地面遗物（北—南）

2. 南侧石柱础

3. 西侧石柱础

四号建筑基址F3和外圈石柱础

1. 台明东南部刻字铺砖

2. 台明东南部刻符号铺砖

3. 西壁D1

四号建筑基址西台明

1. 铲［10（四）K1：6］

2. 斧［10（四）K1：4］

3. 锤［10（四）K1：5］

4. 甲片［10（四）②B：3］

5. 钩［09（四）G25③：4］

6. 钩［10（四）②B：15］

四号建筑基址出土铁器

1. 环［10（四）②B：84］

2. 圆形带孔构件［09（四）G24②：1］

3. 圆形带孔构件［10（四）②B：85］

4. 圆帽钉［10（四）①：85］

5. 圆帽钉［10（四）②B：92］

6. 圆帽钉［10（四）②B：95］

7. 圆帽钉［10（四）②B：111］

四号建筑基址出土铁器

1. 扁帽钉［10（四）①：67］

2. 扁帽钉［10（四）②B：68］

3. 扁帽钉［10（四）②B：119］

4. 工形钉［10（四）②B：12］

7. 工形钉［10（四）②B：52］

5. 工形钉［10（四）②B：13］

6. 工形钉［10（四）②B：51］

8. 鼻钉［10（四）②B：118］

四号建筑基址出土铁器

1. 铁片［10（四）②B：46］

2. 铁片［10（四）②B：53］

3. 铁器［10（四）①：96］

4. 铁器［10（四）②B：54］

5. 铁器［10（四）②B：79］

6. 铁器［10（四）③：9］

7. 铁器［10（四）③：10］

四号建筑基址出土铁器

1. 钵［10（四）K1：1］

4. 带孔钵形器［10（四）K1：2］

2. 钵［10（四）K1：1］

5. 带孔钵形器［10（四）K1：2］仰视

3. 铺首［10（四）③：8］

6. 带孔钵形器［10（四）K1：2］俯视

四号建筑基址出土铜器

1. 鎏金铜钉［10（四）②B：121-3］

2. 钉［10（四）②B：58］

3. 钉［10（四）②B：117］

4. 钉［10（四）②B：120］

5. 钉［10（四）②B：121-1］

6. 钉［10（四）②B：121-2］

四号建筑基址出土铜器

1. 钉［10（四）②B：124］

2. 片状构件［10（四）②B：55］

3. 片状构件［10（四）②B：64-2、10（四）②B：64-1］

4. 片状构件［10（四）②B：73］

5. 片状构件［10（四）②B：75］

6. 片状构件［10（四）②B：76］

四号建筑基址出土铜器

1. 罐［10（四）K1：7］

2. 小瓶［10（四）K1：3］

3. 牛腿瓶［10（四）②B：135］

4. 牛腿瓶［10（四）②B：135］细部

四号建筑基址出土瓷器

1. 青釉碗［10（四）②B：125］

2. 青釉碗［10（四）②B：130］

3. 白瓷莲瓣纹碗［10（四）②B：126］

4. 白瓷莲瓣纹碗［10（四）②B：126］仰视

5. 白瓷莲瓣纹碗［10（四）②B：127］

6. 白瓷莲瓣纹碗［10（四）②B：128］

四号建筑基址出土瓷器

1. 白瓷莲瓣纹碗［10（四）②B：129］

4. 白瓷盘［10（四）②B：133］

2. 白瓷莲瓣纹碗［10（四）②B：137］

5. 白瓷盘［10（四）②B：133］俯视

3. 白瓷盘［10（四）②B：132］

6. 白瓷盘［10（四）②B：133］仰视

四号建筑基址出土瓷器

1. 白瓷盘［10（四）②B：134］

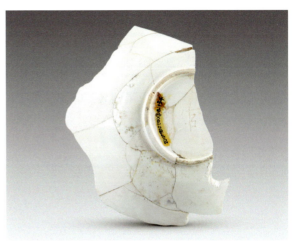

2. 白瓷盘［10（四）②B：134］仰视

3. 白瓷盘［10（四）②B：136］

4. 白瓷盘［10（四）②B：136］仰视

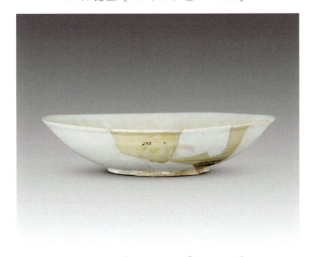

5. 印花盘［10（四）②B：131］

6. 印花盘［10（四）②B：131］俯视

四号建筑基址出土瓷器

1. 陶器口沿［10（四）②B：169］

4. 开元通宝［10（四）①：99］

2. 陶器底［10（四）②B：5］

5. 开元通宝［10（四）②B：116］

3. 陶器底［10（四）②B：5］俯视

6. 至道元宝［10（四）②B：21］

四号建筑基址出土陶器、铜钱

1. 10（四）①：24

2. 10（四）①：24（外）

3. 10（四）①：111

4. 10（四）①：111（外）

5. 10（四）②B：50（外）

6. 10（四）②B：50（内）

四号建筑基址出土大字纹板瓦

1. 10（四）①：110

4. 10（四）②B：83

2. 10（四）①：110（外）

5. 10（四）②B：83（内）

3. 10（四）①：110（内）

6. 10（四）②B：83（外）

四号建筑基址出土大字纹板瓦

1. 大字纹板瓦［10（四）②B：155］

4. 板瓦［10（四）②B：24］

2. 大字纹板瓦［10（四）②B：155］外

5. 板瓦［10（四）②B：24］外

3. 大字纹板瓦［10（四）②B：155］内

6. 板瓦［10（四）②B：24］内

四号建筑基址出土板瓦

1. 板瓦［10（四）②B：22］

2. 板瓦［10（四）②B：22］内

3. 板瓦［10（四）②B：23］

4. 板瓦［10（四）②B：23］内

5. 大字纹筒瓦［09（四）G24②：2］外

6. 大字纹筒瓦［09（四）G24②：2］内

四号建筑基址出土板瓦、筒瓦

1. 10（四）①：51（外）

2. 10（四）①：51（内）

3. 10（四）①：89（外）

4. 10（四）②B：56（外）

5. 10（四）①：109（外）

6. 10（四）①：109（内）

四号建筑基址出土大字纹筒瓦

1. 10（四）①：134（外）

2. 10（四）①：134（内）

3. 10（四）②B：4

4. 10（四）②B：4（外）

5. 10（四）②B：7（外）

6. 10（四）②B：7（内）

四号建筑基址出土大字纹筒瓦

1. 大字纹筒瓦［10（四）②B：11］外

2. 大字纹筒瓦［10（四）②B：11］内

3. 大字纹筒瓦［10（四）②B：80］外

4. 大字纹筒瓦［10（四）②B：80］内

5. 筒瓦［03（四）：采2］外

6. 筒瓦［03（四）：采2］内

四号建筑基址出土筒瓦

1. 09（四）G24③：5

2. 09（四）G24③：5（内）

3. 09（四）G24③：7

4. 09（四）G24③：7（内）

5. 09（四）G24③：8

6. 09（四）G24③：8（内）

四号建筑基址出土筒瓦

1. 10（四）①：2

2. 10（四）①：2（内）

3. 10（四）①：55

4. 10（四）①：55（内）

5. 10（四）①：107

6. 10（四）①：107（内）

四号建筑基址出土筒瓦

1. 10（四）①：108

2. 10（四）①：108（内）

3. 10（四）②B：42

4. 10（四）②B：42（内）

5. 10（四）②B：43

6. 10（四）②B：43（内）

四号建筑基址出土筒瓦

1. 10（四）②B：78

2. 10（四）②B：78（内）

3. 10（四）②B：145

4. 10（四）②B：145（内）

5. 10（四）②B：146

6. 10（四）②B：146（内）

四号建筑基址出土筒瓦

1. 10（四）②B：147

2. 10（四）②B：147（内）

3. 10（四）②B：148

4. 10（四）②B：148（内）

5. 10（四）②B：150

6. 10（四）②B：150（内）

四号建筑基址出土筒瓦

1. 10（四）②B：151

2. 10（四）②B：151（内）

3. 10（四）②B：152

4. 10（四）②B：152（内）

5. 10（四）②B：154（外）

6. 10（四）②B：154（内）

四号建筑基址出土筒瓦

1. 筒瓦［10（四）②B：170］

2. 筒瓦［10（四）②B：170］内

3. 筒瓦残块［10（四）①：106］

4. 筒瓦残块［10（四）①：106］内

5. 筒瓦残块［10（四）②B：112］　6. 筒瓦残块［10（四）②B：149］　7. 筒瓦残块［10（四）②B：153］

四号建筑基址出土筒瓦

1. 10（四）②B：77

2. 10（四）②B：77（背）

3. 09（四）G25③：3

4. 09（四）G25③：3（背）

5. 09（四）G25③：7（侧）

6. 09（四）G25③：7（内）

四号建筑基址出土兽面瓦当

1. 10（四）①：41

2. 10（四）①：71

3. 10（四）①：52

4. 10（四）①：52（背）

5. 10（四）①：74

6. 10（四）①：74（背）

四号建筑基址出土兽面瓦当

1. 10（四）①：75

2. 10（四）①：75（背）

3. 10（四）②B：1

4. 10（四）②B：1（背）

5. 10（四）②B：66

6. 10（四）②B：66（背）

四号建筑基址出土兽面瓦当

1. 10（四）②B：82

2. 10（四）②B：82（背）

3. 10（四）②B：123

4. 10（四）②B：123（背）

5. 09（四）G24②：4

6. 09（四）G24②：4（背）

四号建筑基址出土兽面瓦当

1.09（四）G25①：1

2.09（四）G25①：1（背）

3.10（四）②B：8

4.10（四）②B：20

5.10（四）②B：59

6.10（四）②B：89

四号建筑基址出土兽面瓦当

1. 人面瓦当［10（四）①：103］

2. 人面瓦当［10（四）①：95］

3. 人面瓦当［10（四）①：97］

4. 莲花纹瓦当［09（四）G25②：5］

5. 人面瓦当［10（四）①：98］

6. 人面瓦当［10（四）①：98］背

四号建筑基址出土瓦当

1. 09（四）G25②：3

2. 10（四）②B：2

3. 10（四）①：34

4. 10（四）①：34（背）

5. 10（四）②B：6

6. 10（四）②B：9

四号建筑基址出土莲花纹瓦当

1. 10（四）②B：94

2. 09（四）G24③：2

3. 09（四）G24③：3

4. 09（四）G25②：1

5. 09（四）G25③：5

6. 10（四）①：12

四号建筑基址出土莲花纹瓦当

1. 10（四）①：16

2. 10（四）①：35

3. 10（四）①：29

4. 10（四）①：29（背）

5. 10（四）①：38

6. 10（四）①：40

四号建筑基址出土莲花纹瓦当

1. 10（四）①：42

2. 10（四）①：43

3. 10（四）①：44

4. 10（四）①：45

5. 10（四）①：46

6. 10（四）①：47

四号建筑基址出土莲花纹瓦当

1. 10（四）①：48

2. 10（四）①：64

3. 10（四）①：65

4. 10（四）①：65（内）

5. 10（四）①：68

6. 10（四）①：91

四号建筑基址出土莲花纹瓦当

1. 10（四）①：77

2. 10（四）①：77（内）

3. 10（四）①：87

4. 10（四）①：87（背）

5. 10（四）②B：14

6. 10（四）②B：34

四号建筑基址出土莲花纹瓦当

1. 10（四）②B：25

2. 10（四）②B：25（背）

3. 10（四）②B：32

4. 10（四）②B：32（背）

5. 10（四）②B：37

6. 10（四）②B：37（内）

四号建筑基址出土莲花纹瓦当

1. 10（四）②B：40

2. 10（四）②B：72

3. 10（四）②B：70

4. 10（四）②B：70（背）

5. 10（四）②B：74

6. 10（四）②B：81

四号建筑基址出土莲花纹瓦当

1. 10（四）②B：90

2. 10（四）②B：90（外）

3. 10（四）②B：90（内）

4. 10（四）②B：91

5. 10（四）②B：99

6. 10（四）②B：100

四号建筑基址出土莲花纹瓦当

1. 10（四）②B：101

2. 10（四）②B：106

3. 10（四）②B：113

4. 10（四）②B：122

5. 10（四）①：86

6. 10（四）②B：27

四号建筑基址出土莲花纹瓦当

1. 10（四）①：101

2. 10（四）①：101（内）

3. 10（四）②B：57

4. 10（四）②B：57（背）

5. 10（四）①：3

6. 10（四）①：3（背）

四号建筑基址出土莲花纹瓦当

1. 10（四）①：82

2. 10（四）②B：26

3. 10（四）②B：47

4. 10（四）①：18

5. 10（四）②B：10

6. 10（四）②B：48

四号建筑基址出土莲花纹瓦当

1. 莲花纹瓦当［10（四）②B：109］

2. 几何纹瓦当［10（四）①：7］

3. 几何纹瓦当［10（四）①：7］侧

4. 几何纹瓦当［10（四）①：7］背

5. 几何纹瓦当［10（四）①：56］

6. 几何纹瓦当［10（四）①：56］背

四号建筑基址出土瓦当

1. 10（四）①：62

4. 10（四）②B：87

2. 10（四）①：62（背）

5. 10（四）②B：87（背）

3. 10（四）①：62（外）

6. 09（四）G24②：5

四号建筑基址出土几何纹瓦当

1. 10（四）①：17

2. 10（四）①：19

3. 10（四）①：53

4. 10（四）②B：35

5. 10（四）①：83

6. 10（四）①：83（背）

四号建筑基址出土几何纹瓦当

1. 10（四）②B：31　　　　　　　　2. 10（四）②B：31（背）

3. 10（四）②B：33　　　　　　　　4. 10（四）②B：33（背）

5. 10（四）②B：60　　　　　　　　6. 10（四）②B：63

四号建筑基址出土几何纹瓦当

1. 10（四）②B：67

2. 10（四）②B：104

3. 10（四）②B：98

4. 10（四）②B：98（背）

5. 10（四）②B：105

6. 10（四）①：6

四号建筑基址出土几何纹瓦当

1. 10（四）①：80　　　　　　　　2. 10（四）①：80（背）

3. 10（四）②B：39　　　　　　　　4. 10（四）②B：65

5. 10（四）②B：45　　　　　　　　6. 10（四）②B：45（内）

四号建筑基址出土几何纹瓦当

1. 10（四）②B：88

2. 10（四）②B：88（内）

3. 10（四）②B：114

4. 10（四）②B：110

5. 10（四）②B：97

6. 10（四）②B：97（背）

四号建筑基址出土几何纹瓦当

1. 10（四）②B：102

2. 10（四）②B：102（背）

3. 09（四）G25③：1

4. 09（四）G25③：6

5. 09（四）G25③：2

6. 09（四）G25③：2（背）

四号建筑基址出土几何纹瓦当

1. 10（四）①：5

2. 10（四）①：5（背）

3. 10（四）①：13

4. 10（四）①：14

5. 10（四）①：22

6. 10（四）①：22（背）

四号建筑基址出土几何纹瓦当

1. 10（四）①：23　　　　　　2. 10（四）①：25

3. 10（四）①：26　　　　　　4. 10（四）①：36

5. 10（四）①：27　　　　　　6. 10（四）①：27（背）

四号建筑基址出土几何纹瓦当

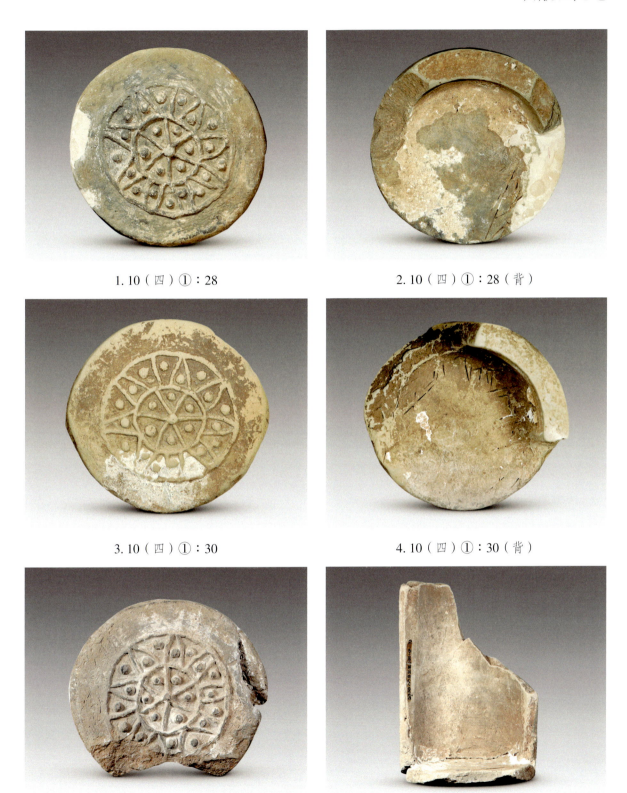

1. 10（四）①：28

2. 10（四）①：28（背）

3. 10（四）①：30

4. 10（四）①：30（背）

5. 10（四）①：31

6. 10（四）①：31（内）

四号建筑基址出土几何纹瓦当

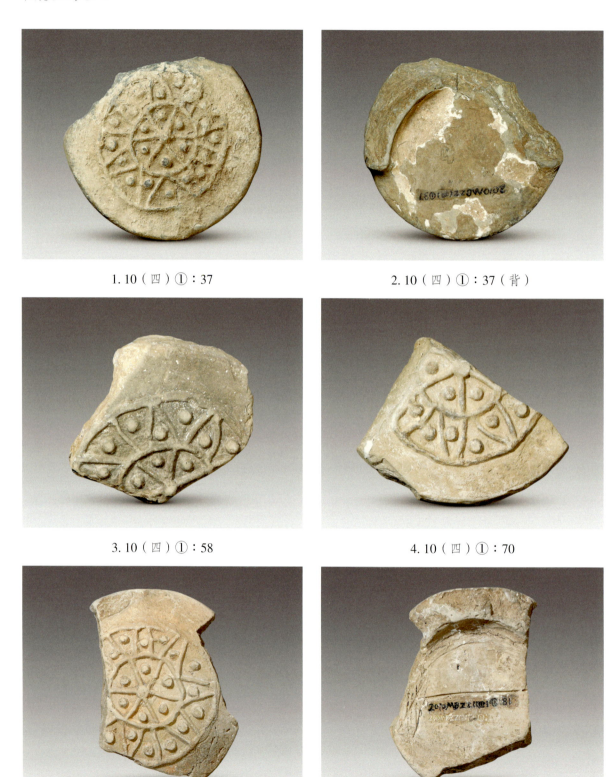

1. 10（四）①：37

2. 10（四）①：37（背）

3. 10（四）①：58

4. 10（四）①：70

5. 10（四）①：81

6. 10（四）①：81（背）

四号建筑基址出土几何纹瓦当

1. 10（四）①：90

2. 10（四）②A：1

3. 10（四）①：92

4. 10（四）①：92（背）

5. 10（四）②B：19

6. 10（四）②B：19（内）

四号建筑基址出土几何纹瓦当

1. 10（四）②B：28

2. 10（四）②B：49

3. 10（四）②B：103

4. 10（四）①：102

5. 10（四）②B：115

6. 10（四）②B：115（背）

四号建筑基址出土几何纹瓦当

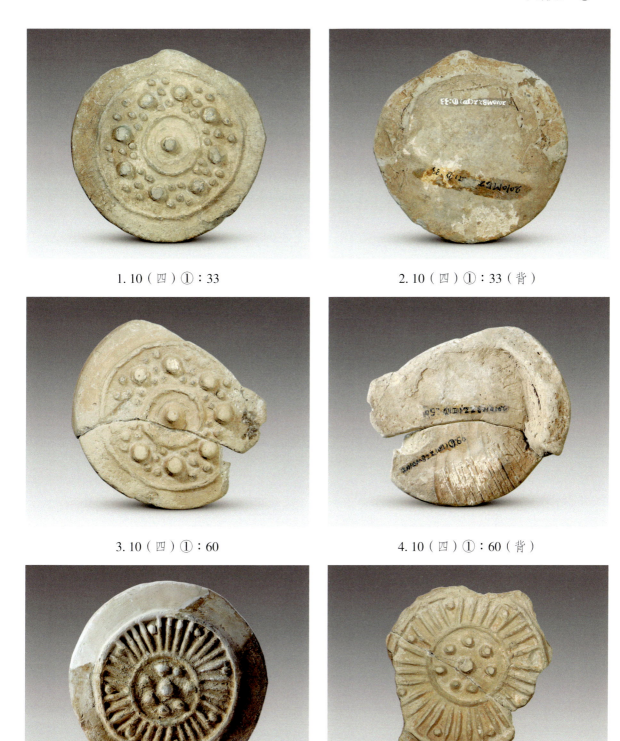

1. 10（四）①：33

2. 10（四）①：33（背）

3. 10（四）①：60

4. 10（四）①：60（背）

5. 09（四）G24③：1

6. 10（四）①：11

四号建筑基址出土几何纹瓦当

1. 10（四）①：54

2. 10（四）①：59

3. 10（四）①：93

4. 10（四）②B：38

5. 10（四）②B：29

6. 10（四）②B：29（背）

四号建筑基址出土几何纹瓦当

1. 10（四）②B：41

2. 10（四）②B：44

3. 10（四）②B：61

4. 10（四）②B：69

5. 10（四）②B：71

6. 10（四）②B：86

四号建筑基址出土几何纹瓦当

1. 10（四）②B：96

2. 09（四）G24②：7

3. 10（四）②B：107

4. 10（四）②B：107（背）

5. 10（四）①：20

6. 10（四）②B：17

四号建筑基址出土几何纹瓦当

1. 10（四）②B：30

2. 10（四）②B：93

3. 10（四）①：61

4. 03（四）：采3

5. 09（四）G25②：2

6. 10（四）①：66

四号建筑基址出土几何纹瓦当

1. 10（四）①：1

2. 10（四）①：1（背）

3. 10（四）①：15

4. 10（四）①：15（背）

5. 10（四）①：88

6. 10（四）①：94

四号建筑基址出土几何纹瓦当

1. 10（四）①：4

2. 10（四）①：4（背）

3. 10（四）①：9

4. 10（四）①：9（背）

5. 10（四）①：10

6. 10（四）①：10（背）

四号建筑基址出土几何纹瓦当

1. 几何纹瓦当［10（四）①：21］

2. 几何纹瓦当［10（四）①：21］背

3. 几何纹瓦当［10（四）①：100］

4. 几何纹瓦当［10（四）①：100］背

5. 几何纹瓦当［10（四）
②B：108］

6. 几何纹瓦当［10（四）
②B：108］背

7. 瓦当残块［03（四）：采1］

四号建筑基址出土瓦当

1. 09（四）G24②：8

2. 09（四）G24②：10

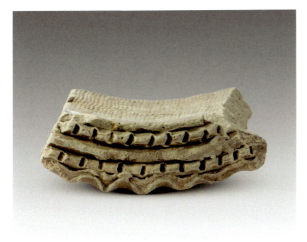

3. 09（四）G24③：4

4. 09（四）G24③：4（外）

5. 10（四）①：50

6. 10（四）①：50（内）

四号建筑基址出土滴水

1. 10（四）①：57

2. 10（四）①：57（内）

3. 10（四）①：116

4. 10（四）①：119

5. 10（四）①：123

6. 10（四）①：123（外）

四号建筑基址出土滴水

1. 10（四）①：122

2. 10（四）①：124

3. 10（四）①：126

4. 10（四）①：126（侧）

5. 10（四）①：130

6. 10（四）①：130（内）

四号建筑基址出土滴水

1. 10（四）①：129

2. 10（四）②B：160

3. 10（四）②B：161

4. 10（四）②B：161（内）

5. 10（四）②B：162

6. 10（四）②B：162（内）

四号建筑基址出土滴水

1. 10（四）②B：163

5. 10（四）②B：166

2. 10（四）②B：163（侧）

3. 10（四）②B：164

6. 10（四）②B：167

4. 10（四）②B：164（外）

7. 10（四）②B：167（侧）

四号建筑基址出土滴水

1. 09（四）G24②：3

2. 09（四）G24②：3（侧）

3. 09（四）G24②：6

6. 09（四）G24②：9

4. 09（四）G24②：6（内）

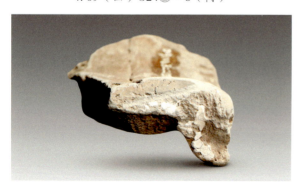

5. 09（四）G24②：6（侧）

7. 09（四）G24②：9（侧）

四号建筑基址出土滴水

1. 09（四）G25②：4-1

5. 10（四）①：84

2. 09（四）G25②：4-1（外）

3. 09（四）G25②：4-2

6. 10（四）①：84（外）

4. 09（四）G25②：4-2（外）

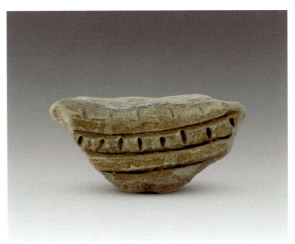

7. 10（四）①：112

四号建筑基址出土滴水

1. 10（四）①：113

2. 10（四）①：113（外）

3. 10（四）①：113（内）

4. 10（四）①：113（侧）

5. 10（四）①：118

6. 10（四）①：118（侧）

四号建筑基址出土滴水

1. 10（四）①：120

2. 10（四）①：120（外）

3. 10（四）①：128

4. 10（四）①：128（外）

5. 10（四）①：128（侧）

6. 10（四）②B：156

7. 10（四）②B：156（内）

8. 10（四）②B：156（侧）

四号建筑基址出土滴水

1. 10（四）②B：158

2. 10（四）②B：158（外）

3. 10（四）②B：158（内）

4. 10（四）②B：165

5. 10（四）①：117

6. 10（四）①：117（外）

四号建筑基址出土滴水

1. 10（四）①：127

2. 10（四）①：127（侧）

3. 10（四）②B：157

4. 10（四）②B：157（侧）

5. 10（四）①：121

6. 10（四）①：121（外）

四号建筑基址出土滴水

1. 10（四）①：125

2. 10（四）②B：159

3. 10（四）①：115

4. 10（四）①：115（外）

5. 10（四）①：114

6. 10（四）①：114（侧）

四号建筑基址出土滴水

1. 10（四）①：104

2. 10（四）①：104（内）

3. 10（四）①：105

4. 10（四）①：105（外）

5. 10（四）②B：138

6. 10（四）②B：138（内）

四号建筑基址出土垒脊瓦

1. 10（四）②B：139

2. 10（四）②B：139（内）

3. 10（四）②B：140

4. 10（四）②B：140（内）

5. 10（四）②B：141

6. 10（四）②B：141（内）

四号建筑基址出土垒脊瓦

1. 10（四）②B：142

2. 10（四）②B：142（内）

3. 10（四）②B：143

4. 10（四）②B：143（内）

5. 10（四）②B：144

6. 10（四）②B：144（内）

四号建筑基址出土垒脊瓦

1. 03（四）：采4

2. 10（四）①：32-1

3. 10（四）①：63-1

4. 10（四）①：78

5. 10（四）①：135

6. 10（四）①：135（侧）

四号建筑基址出土兽头

1. 10（四）②A：3

2. 10（四）②B：18

3. 10（四）②B：36

四号建筑基址出土兽头

1. 兽头［10（四）②B：168］

2. 鸱兽残块［10（四）①：8-2］

3. 鸱兽残块［10（四）①：32-2］

4. 鸱兽残块［10（四）①：63-2］

5. 鸱兽残块［10（四）①：69］

6. 鸱兽残块［10（四）②B：16］

四号建筑基址出土鸱兽

1. 10（四）①：8-1

2. 10（四）②B：62

3. 10（四）①：72-1

4. 10（四）①：72-2

5. 10（四）①：73

6. 10（四）①：79

四号建筑基址出土鸱兽残块

1. 10（四）③：1

2. 10（四）③：1

3. 10（四）③：3

4. 10（四）③：3

5. 10（四）③：2

6. 10（四）③：2

四号建筑基址出土刻字砖

1. 刻字砖 ［10（四）③：7］

2. 刻字砖 ［10（四）③：7］

3. 刻划砖 ［10（四）③：4］

4. 刻划砖 ［10（四）③：4］

5. 方形棋盘砖 ［10（四）③：5］

6. 方形棋盘砖 ［10（四）③：5］

四号建筑基址出土砖

1. 方形棋盘砖［10（四）③：6］

2. 方形棋盘砖［10（四）③：6］

3. 沟纹砖［09（四）G24③：6］

4. 沟纹砖［09（四）G24③：6］

5. 沟纹砖［10（四）①：39］

6. 仿木砖构件［10（四）②A：2］

四号建筑基址出土砖、砖构件

1. 沟纹砖［10（四）①：76］　　　　2. 沟纹砖［10（四）①：76］

3. "U"形砖构件［10（四）①：132］　　　　4. "U"形砖构件［10（四）①：132］

5. "U"形砖构件［10（四）①：133］　　　　6. "U"形砖构件［10（四）①：133］

四号建筑基址出土砖、砖构件

1. 仿木砖构件［10（四）①：49］

2. 仿木砖构件［10（四）①：49］

3. 仿木砖构件［10（四）①：131］

4. 仿木砖构件［10（四）①：131］

5. 石构件［10（四）③：11］

6. 石构件［10（四）③：12］

四号建筑基址出土砖构件、石构件

1. 蓄水池遗迹平面示意图
（下为北）

2. 蓄水池遗迹南壁面
（下为北）

蓄水池遗迹

1. 辽太祖陵后山山洞洞口　　　　　　　　　2. 辽太祖陵后山山洞洞口北部磨光面

3. 陶片（03D1：采2）　　　　　4. 石制品（03D1：采1）　　　　　5. 筒瓦（03D1：采3）内

山洞及山洞内采集遗物

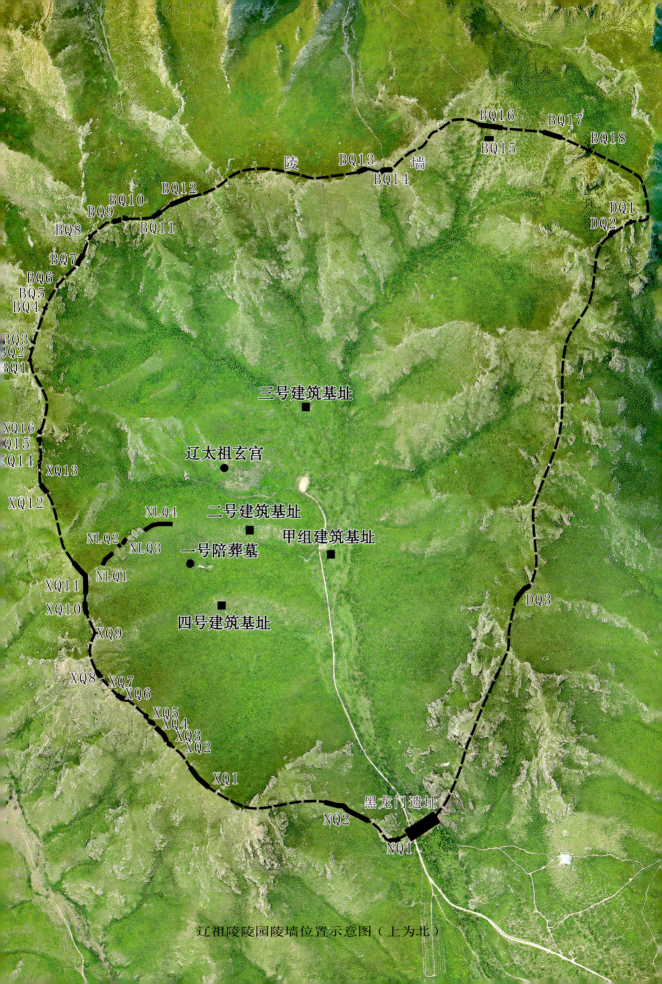

BQ16　BQ17

BQ15　BQ18

陵　　　BQ13　　　墙　　DQ1

BQ12　　　　　BQ14　　　DQ2

BQ10

BQ9　　BQ11

BQ8

BQ7

BQ6

BQ5

BQ4

BQ3

BQ2

BQ1

三号建筑基址

XQ16

Q15

XQ14

XQ13　　辽太祖玄宫

XQ12

NLQ4　　二号建筑基址

NLQ2　　　　　　　甲组建筑基址

NLQ3　　一号陪葬墓

NLQ1　　　　　　　　　　　　　DQ3

XQ11

XQ10　　　四号建筑基址

XQ9

XQ8　XQ7

XQ6

XQ5

XQ4

XQ3

XQ2

XQ1　　　　　　　　　　黑龙门遗址

NQ2

NQ1

辽祖陵陵园陵墙位置示意图（上为北）

第二道山岭（南岭）石墙远景

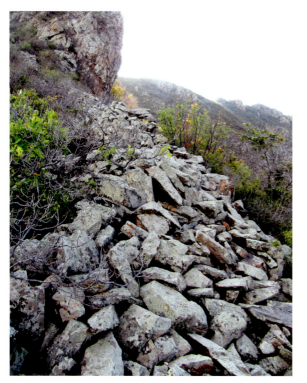

1. NLQ4

2. NLQ1

3. NLQ3

第二道山岭（南岭）石墙

1. NQ1

2. NQ2

陵园南部石墙

1. XQ1（南—北）

2. XQ3

陵园西部石墙

1. XQ11

2. XQ12

陵园西部石墙

1. XQ15

2. XQ16

陵园西部石墙

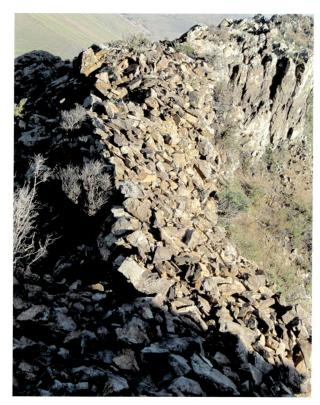

1. BQ1

2. BQ6（北—南）

陵园北部石墙

1. BQ6（南—北）

2. BQ7

陵园北部石墙

图版五四四

1. BQ12

2. BQ18

陵园北部石墙

1. DQ1

2. DQ3

陵园东部石墙

1. 龟跌山建筑基址位置（南—北）

2. 龟跌山建筑基址发掘前全景（南—北）

龟跌山建筑基址

龟跌山主体建筑基址发掘后全景（2007年）（下为南）

1. 上层台基西壁包石（北—南）　　　　　　2. 上层台基西壁包石（南—北）

1. 上层台基铺砖及铺砖遗痕（北—南）

2. 解剖沟所见台基夯土结构（南—北）

龟趺山建筑基址

龟跌山建筑基址上层台基东侧踏道（南—北）

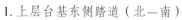

1. 上层台基东侧踏道（北—南）

2. 上层台基西侧踏道（北—南）

1. 上层台基西侧踏道（北—南）

2. 北墙内壁白灰面（南—北）

龟跌山建筑基址

1. 墙内西北角D10柱洞和础石

2. 墙内东北角D13残存木柱和龙头饰件

3. 石龟趺后视（北-南）

4. 石龟趺侧视（东南-西北）

5. 石龟趺顶部碑槽（上为南）

6. 契丹碑片

龟趺山建筑基址

龟趺山建筑基址石龟趺（南—北）

龟趺山建筑基址发掘后全景（北—南）

1. 北侧台明D4

2. 北壁内壁及焚毁木构件痕迹（东—西）

龟趺山建筑基址

1. 北侧排水沟和挡土墙局部（西—东）

2. 台基北部方形坑

龟趺山建筑基址

1. 水晶饰件（07GT2②：17）

2. 水晶饰件（07GT2②：17）

3. 瓷器口沿（15GT3北扩②：7）

4. 瓷器口沿（15GT4北扩G1②：1）

5. 瓷器底（03G：采10）

6. 瓷器腹片（03G：采1）

7. 瓷器腹片（15GT1北扩②：35）

龟跌山建筑基址出土水晶饰件、瓷器

1. 釉陶口沿（03G：采11）

2. 釉陶口沿（03G：采11）

3. 砚台残件（14GJPG1夯：1）

4. 砚台残件（14GJPG1夯：1）侧

5. 陶器口沿（14GT2南扩①：2）

6. 陶器底（14GJPG1夯：2）

7. 陶器底（15GT4西扩②：2）

龟跌山建筑基址出土釉陶口沿、陶器

1. 片（14GT2南扩①：3）

3. 片（15GT1东扩②：36）

4. 片（15GT1东扩②：37）

5. 片（15GT3北扩②：8）

6. 片（15GJPG1⑥：4）

7. 片（15GJPG1⑥：13）

8. 球（15GT1南扩②：4）

2. 片（15GTG1③：7）

龟趺山建筑基址出土陶器

1. 07GT2②：82

2. 07GT2②：83-1

3. 07GT2②：83-2

4. 07GT2②：83-3

5. 07GT2②：83-5

6. 07GT2②：83-6

7. 07GT2②：83-8

8. 07GT2②：83-9

9. 07GT2②：83-12

龟跌山建筑基址出土铁扁帽钉

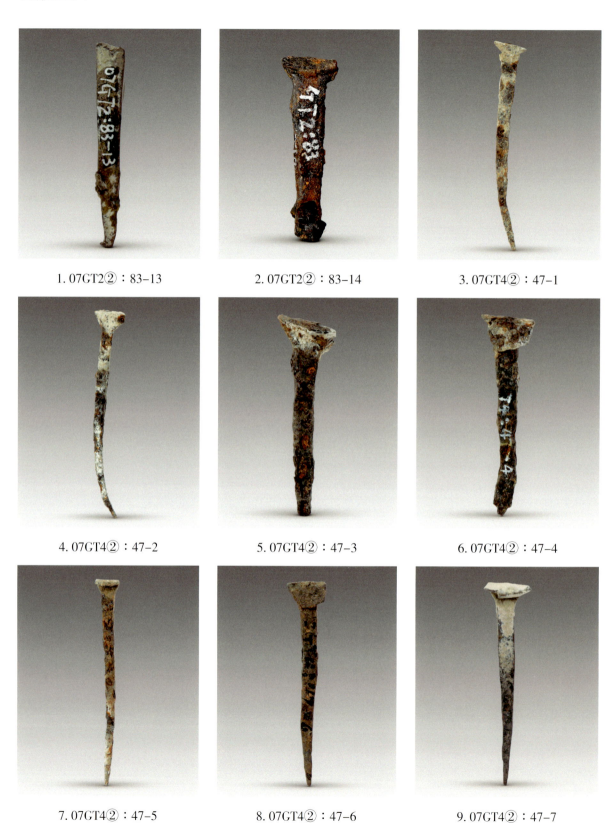

1. 07GT2②：83-13

2. 07GT2②：83-14

3. 07GT4②：47-1

4. 07GT4②：47-2

5. 07GT4②：47-3

6. 07GT4②：47-4

7. 07GT4②：47-5

8. 07GT4②：47-6

9. 07GT4②：47-7

龟跌山建筑基址出土铁扁帽钉

1. 15GT3北扩①：3   2. 15GT3北扩①：4   3. 15GT3北扩①：5

4. 15GT3北扩①：6   5. 15GT3北扩①：7   6. 15GT3北扩①：8

7. 15GT3北扩②：9   8. 15GT3北扩②：10   9. 15GT3北扩②：11

龟跌山建筑基址出土铁扁帽钉

1. 扁帽钉（15GT4北扩①：2）

2. 扁帽钉（15GT4北扩①：3）

3. 扁帽钉（15GT4北扩②：3）

4. 扁帽钉（15GT4北扩②：4）

5. 扁帽钉（15GT4北扩②：5）

6. 圆帽钉（07GT2②：83-10）

7. 钉（07GT2②：83-4）

8. 钉（07GT2②：83-7）

9. 钉（07GT2②：83-11）

龟跌山建筑基址出土铁钉

1. 铜棍（15GT4北扩③：26）

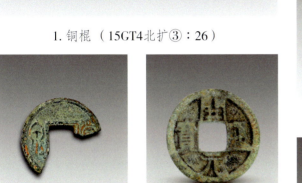

2. 货泉　　　　　　　3. 开元通宝
（15GT4北扩②：1）　　（07GT1②：28）

7. 石管状器（15GT1南扩②：5）

4. 开元通宝　　　　　5. 开元通宝
（07GT3②：16）　　　（15GT3北扩②：3）

8. 墨书石块（15GJPG2⑭：1）

6. 残钱（15GT4西扩①：1）

9. 墨书石块（15GJPG2⑭：1）

龟跌山建筑基址出土铜器、铜钱、石制品

1. 07GT1②：29（外）

2. 07GT2②：96-1（外）

3. 07GT2②：96-2（外）

4. 07GT2②：96-3（外）

5. 15GT1南扩②：53（外）

6. 15GT1南扩②：53（内）

龟趺山建筑基址出土王字纹板瓦

1. 王字纹板瓦（15GT1南扩②：52）外

4. 王字纹板瓦（15GT4北扩③：25）外

2. 王字纹板瓦（15GT4北扩②：6）外

5. 王字纹板瓦（15GT4北扩③：25）内

3. 王字纹板瓦（15GT4北扩②：6）内

6. 板瓦（07GT2②：89-1）外

龟跌山建筑基址出土板瓦

1. 07GT2②：89-1（内）

4. 15GT1南扩②：32

2. 07GT2②：89-2（外）

5. 15GT1南扩②：32（外）

3. 07GT2②：89-2（内）

6. 15GT1南扩②：32（内）

龟跌山建筑基址出土板瓦

1. 15GT1南扩②：33

5. 15GT2南扩②：15

2. 15GT1南扩②：33（外）

6. 15GT2南扩②：15（外）

3. 07GT2②：98（外）

4. 07GT2②：98

7. 15GT2南扩②：15（内）

龟跌山建筑基址出土板瓦

1. 板瓦（15GT3北扩②：23）外

2. 板瓦（15GT3北扩②：23）内

3. 王字纹筒瓦（07GT2②：73-1）外

4. 王字纹筒瓦（07GT2②：73-1）内

5. 王字纹筒瓦（07GT2②：73-2）外

6. 王字纹筒瓦（07GT2②：73-2）内

龟跌山建筑基址出土板瓦、筒瓦

1. 07GT2②：84-1   2. 07GT2②：84-1（内）

3. 07GT2②：84-2   4. 07GT2②：84-2（内）

5. 07GT2②：84-3   6. 07GT2②：84-3（内）

1. 筒瓦（15GT2南扩②：14）

2. 筒瓦（15GT2南扩②：14）外

3. 筒瓦（15GT2南扩②：14）内

4. 筒瓦（15GT4北扩③：27）侧

5. 筒瓦（15GT4北扩③：27）内

6. 筒瓦残块（14GT4西扩①：1）

7. 筒瓦残块（14GT4西扩①：1）侧

龟跌山建筑基址出土筒瓦

1. 14GT4西扩①：2

2. 14GT4西扩①：2（侧）

3. 14GT4西扩①：3

4. 14GT4西扩①：3（内）

5. 14GT4西扩①：4

6. 14GT4西扩①：5（侧）

7. 14GT4西扩①：6（侧）

8. 15GT4西扩②：71

龟趺山建筑基址出土筒瓦残块

1. 筒瓦残块（15GJPG1⑥：11）

2. 筒瓦残块（15GJPG1⑥：11）

3. 兽面瓦当（03G：采12）

4. 兽面瓦当（07GT2②：74-2）

5. 兽面瓦当（07GT2②：87-5）

6. 兽面瓦当（07GT3②：25-1）

龟趺山建筑基址出土筒瓦、瓦当

1. 07GT3②：25-4

2. 07GT4②：45-1

3. 14GT4北扩②：2

4. 14GT4北扩②：7

5. 14GT4北扩②：8

6. 15GT1东扩②：12

龟跌山建筑基址出土兽面瓦当

1. 15GT1东扩②：13

2. 15GT2南扩②：2

3. 15GT3北扩①：1

4. 15GT3北扩②：13

5. 15GT3北扩②：6

6. 15GT3北扩②：6（背）

龟趺山建筑基址出土兽面瓦当

1. 兽面瓦当（15GT4北扩①：7）

2. 兽面瓦当（15GT4北扩②：9）

3. 兽面瓦当（15GT4北扩②：12）

4. 兽面瓦当（15GT4北扩③：20）

5. 兽面瓦当（15GT4北扩G1①：1）

6. 莲花纹瓦当（15GJPG1③：6）

龟趺山建筑基址出土瓦当

1. 15GT4北扩②：14

2. 15GT4北扩②：25

3. 15GT4北扩③：11

4. 15GT4北扩③：11（背）

5. 15GT4北扩③：11（内）

6. 14GT4北扩②：1

龟趺山建筑基址出土莲花纹瓦当

1. 15GT3北扩②：14

2. 14GT4北扩②：3

3. 15GTG1③：1

4. 15GT3北扩①：9

5. 15GT3北扩②：20

6. 15GT4北扩①：10

龟跌山建筑基址出土莲花纹瓦当

1. 15GT4北扩②：23

2. 15GT4北扩③：4

3. 15GJPG1③：3

4. 15GJPG1⑥：1

5. 15GT3北扩②：16

6. 15GT3北扩②：16（背）

龟跌山建筑基址出土莲花纹瓦当

1. 15GJPG1⑥：6

2. 15GT4北扩②：15

3. 15GT4北扩③：2

4. 15GT4北扩③：6

5. 15GT4北扩③：10

6. 15GT4北扩③：10（内）

龟跌山建筑基址出土莲花纹瓦当

1. 15GT4北扩③：16

2. 15GT4北扩③：17

3. 15GT4北扩③：18

4. 15GJPG1③：1

5. 15GJPG1③：7

6. 15GJPG1③：7（背）

龟趺山建筑基址出土莲花纹瓦当

1. 07GT2②：87-1

2. 15GT3北扩②：4

3. 15GT4北扩①：4

4. 15GT4北扩②：70

5. 15GT4北扩③：3

6. 15GJPG1⑥：2

龟跌山建筑基址出土莲花纹瓦当

1. 15GJPG1⑥：3

2. 07GT4②：45-4

3. 14GT4北扩②：4

4. 15GTG1③：2

5. 15GT4北扩③：12

6. 15GT4北扩③：12（背）

龟跌山建筑基址出土莲花纹瓦当

1. 15GT4北扩③：13

2. 15GJPG1③：2

3. 15GJPG1③：8

4. 15GT1东扩②：11

5. 15GT4北扩③：5

6. 15GT4北扩③：5（背）

龟趺山建筑基址出土莲花纹瓦当

1. 15GT4北扩③：22

2. 15GJPG1⑥：5

3. 07GT2②：93

4. 15GT4北扩③：15

5. 07GT2②：87-6

6. 15GT3北扩②：18

龟趺山建筑基址出土莲花纹瓦当

1. 莲花纹瓦当（15GT4北扩③：19）

2. 几何纹瓦当（07GT2②：74-1）

3. 几何纹瓦当（07GT2②：87-2）

4. 几何纹瓦当（07GT2②：87-7）

5. 几何纹瓦当（07GT2②：94-1）

6. 几何纹瓦当（07GT2②：94-2）

龟跌山建筑基址出土瓦当

1. 15GT1东扩②：2

2. 15GT1南扩②：8

3. 15GT3北扩②：12

4. 15GT4北扩①：8

5. 15GT1东扩②：3

6. 07GT4②：45-3

7. 15GT3北扩①：2

龟跌山建筑基址出土几何纹瓦当

1. 15GT3北扩②：17

2. 15GT3北扩②：17（背）

3. 15GT4北扩②：8

4. 15GT4北扩②：10

5. 15GT4北扩②：11

6. 15GT3北扩②：2

龟趺山建筑基址出土几何纹瓦当

1. 07GT2②：74-3

2. 15GT4北扩①：9

3. 15GT4北扩②：13

4. 15GT4北扩②：20

5. 15GT4北扩②：16

6. 15GT4北扩②：16（内）

龟跌山建筑基址出土几何纹瓦当

1. 15GT4北扩②：26

2. 15GT4北扩③：24

3. 15GT1东扩②：1

4. 15GT4北扩①：6

5. 15GT3北扩②：19

6. 15GT3北扩②：19（背）

龟跌山建筑基址出土几何纹瓦当

1. 15GT4北扩②：17

2. 15GT4北扩②：17（背）

3. 15GTG1③：4

4. 15GT4北扩③：34

5. 15GT4北扩②：7

6. 15GT4北扩②：7（背）

龟跌山建筑基址出土几何纹瓦当

1. 15GT3北扩②：21

2. 15GT4北扩③：7

3. 15GT4北扩③：8

4. 15GT4北扩③：8（背）

5. 15GJPG1③：4

6. 15GJPG1③：4（背）

龟趺山建筑基址出土几何纹瓦当

1. 15GT4北扩②：24   2. 15GT4北扩③：21   3. 15GT4北扩③：21（背）

4. 15GTG1③：3   5. 15GT3北扩①：10

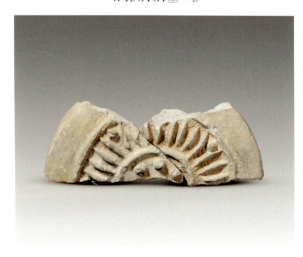

6. 15GT4北扩②：22   7. 15GT4北扩③：9

龟趺山建筑基址出土几何纹瓦当

1. 15GT4北扩③：14

2. 15GT4北扩③：35

3. 07GT4②：45–2

4. 15GT1东扩②：9

5. 15GT1东扩②：10

6. 15GT4北扩②：18

7. 15GT4北扩②：18（背）

龟跌山建筑基址出土几何纹瓦当

1. 15GT4北扩②：19
2. 15GT4北扩②：19（背）

3. 15GT4北扩③：1
4. 15GT4北扩③：1（背）

5. 15GT2南扩②：1
6. 15GT2南扩②：1（背）

龟跌山建筑基址出土几何纹瓦当

1. 15GT3北扩②：15

2. 15GT3北扩②：22

3. 15GT4北扩②：21

4. 15GJPG1③：5

5. 15GT1南扩②：6

6. 15GT1南扩②：6（内）

龟趺山建筑基址出土几何纹瓦当

1. 15GT1南扩②：7

2. 15GT4北扩①：5

3. 15GT2南扩②：3

4. 15GT2南扩②：3（背）

5. 15GT3北扩②：5

6. 15GT3北扩②：5（背）

龟跌山建筑基址出土几何纹瓦当

1. 几何纹瓦当（15GT4北扩③：23）

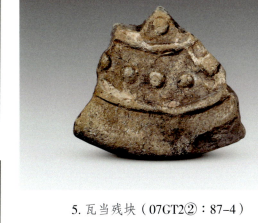

5. 瓦当残块（07GT2②：87-4）

2. 瓦当残块（03G：采7）

6. 瓦当残块（07GT2②：87-8）

3. 瓦当残块（03G：采7）背

4. 瓦当残块（07GT2②：87-3）

7. 瓦当残块（07GT2②：94-3）

龟跌山建筑基址出土瓦当

1. 07GT3②：25-2

2. 07GT3②：25-3

3. 07GT4②：45-5

4. 07GT4②：45-6

5. 07GT4②：45-7

6. 15GT4北扩①：11

龟跌山建筑基址出土瓦当残块

1. 03G：采5

5. 07GT2②：75-3

2. 03G：采5（侧）

6. 07GT2②：76-2

3. 03G：采6

4. 03G：采6（侧）

7. 07GT2②：95

龟跌山建筑基址出土滴水

1. 07GT2②：97

2. 07GT4②：46

3. 07GT4②：48

4. 07GT4②：48（内）

5. 15GT1南扩②：14

6. 15GT1南扩②：14（内）

龟跌山建筑基址出土滴水

1. 15GT1南扩②：16

4. 15GT1东扩②：23

2. 15GT1南扩②：16（内）

5. 15GT1东扩②：23（内）

3. 15GT1南扩②：16（侧）

6. 15GT1东扩②：23（侧）

龟跌山建筑基址出土滴水

1. 15GT1南扩②：24

4. 15GT1东扩②：28

2. 15GT1南扩②：24（内）

5. 15GT1东扩②：29

3. 15GT1南扩②：24（外）

6. 15GT1东扩②：29（内）

龟跌山建筑基址出土滴水

1. 15GT1南扩②：34

2. 15GT1南扩②：34（内）

3. 15GT2南扩②：8

4. 15GT2南扩②：10

5. 15GT3北扩①：13

6. 15GT3北扩①：14

龟趺山建筑基址出土滴水

1. 15GT3北扩②：26

2. 15GT3北扩②：29

3. 15GT3北扩②：27

4. 15GT3北扩②：27（侧）

5. 15GT3北扩②：31

6. 15GT3北扩②：33

龟趺山建筑基址出土滴水

1. 15GT4北扩①：16

2. 15GT4北扩①：16（内）

3. 15GT4北扩①：18

4. 15GT4北扩①：19

5. 15GT4北扩①：22

6. 15GT4西扩②：50

龟趺山建筑基址出土滴水

1. 15GT4西扩②：53

4. 15GT4北扩②：54

2. 15GT4西扩②：53（内）

5. 15GT4北扩②：55

3. 15GT4西扩②：53（侧）

6. 15GT4北扩②：56

龟跌山建筑基址出土滴水

1. 15GT4北扩②：60

2. 15GT4北扩②：60（侧）

3. 15GT4北扩②：61

4. 15GT4西扩②：65

5. 15GT4西扩②：68

6. 15GT4北扩②：69

龟跌山建筑基址出土滴水

1. 15GT4北扩③：36

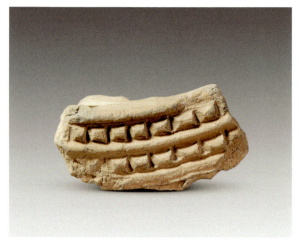

2. 15GT4北扩③：38

3. 15GT4北扩③：37

4. 15GT4北扩③：37（侧）

5. 15GT4北扩③：39

6. 15GT4北扩③：40

龟趺山建筑基址出土滴水

1. 15GT4北扩③：41

2. 15GT4北扩③：43

3. 15GT4北扩③：47

4. 15GT4北扩③：50

5. 15GT4北扩③：53

6. 15GJPG1③：10

龟跌山建筑基址出土滴水

1. 15GJPG1③：13

5. 07GT3②：31

2. 07GT2②：75-2

3. 07GT2②：76-4

6. 07GT3②：31（外）

4. 07GT3②：30

7. 14GT3北扩①：3

龟跌山建筑基址出土滴水

1. 14GT4北扩②：10

2. 14GT4北扩②：10（侧）

3. 15GT1东扩②：18

4. 15GT1东扩②：19

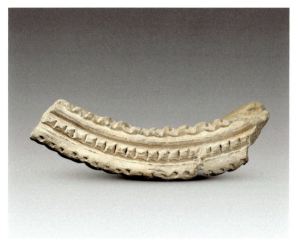

5. 15GT1南扩②：20

6. 15GT1南扩②：20（外）

7. 15GT1南扩②：20（侧）

龟趺山建筑基址出土滴水

1. 15GT1南扩②：21

2. 15GT1东扩②：25

3. 15GT2南扩②：12

4. 15GT2南扩②：12（外）

5. 15GT2南扩②：12（侧）

6. 15GT3北扩①：12

龟跌山建筑基址出土滴水

1. 15GT3北扩①：16

2. 15GT3北扩②：34

3. 15GT3北扩②：35

4. 15GT4北扩②：43

5. 15GT4北扩①：23

6. 15GT4北扩①：23（外）

龟趺山建筑基址出土滴水

1. 15GT4北扩②：44

2. 15GT4北扩②：46

3. 15GT4北扩②：47

4. 15GT4北扩②：48

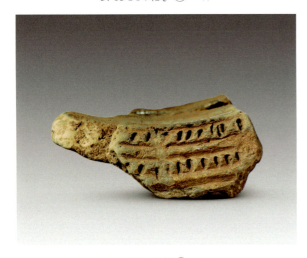

5. 15GT4北扩②：49

6. 15GT4北扩②：51

龟跌山建筑基址出土滴水

1. 15GT4北扩②：52

2. 15GT4北扩③：46

3. 15GT4北扩③：45

4. 15GT4北扩③：45（外）

5. 15GT4北扩③：52

6. 07GT2②：75-1

龟趺山建筑基址出土滴水

1. 14GT4北扩②：9

2. 14GT4北扩②：9（侧）

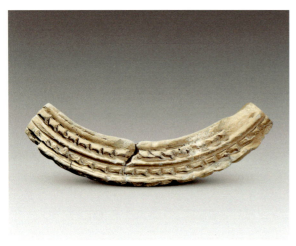

3. 15GT1东扩②：15

4. 15GT1东扩②：15（侧）

5. 15GT1南扩②：22

6. 15GT1南扩②：22（外）

龟跌山建筑基址出土滴水

1. 15GT1东扩②：27

2. 15GT2南扩②：7

3. 15GT2南扩②：11

4. 15GT2南扩②：11（内）

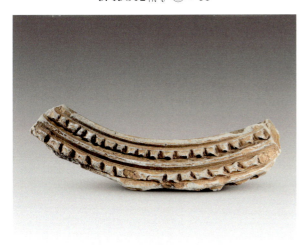

5. 滴水（15GT4北扩②：57）

6. 滴水（15GT4北扩②：58）

龟跌山建筑基址出土滴水

1. 15GT3北扩①：11

2. 15GT3北扩①：11（内）

3. 15GT3北扩①：11（外）

4. 15GT3北扩①：11（侧）

5. 15GT4北扩②：59

6. 15GT4北扩②：59（侧）

龟跌山建筑基址出土滴水

1. 15GT4西扩②：63

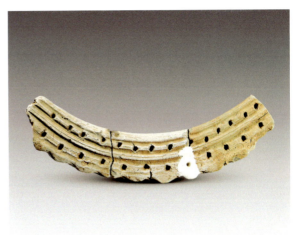

2. 15GT4北扩②：64

3. 15GT4北扩③：51

4. 07GT2②：76-1

5. 07GT2②：76-3

6. 07GT2②：76-5

龟趺山建筑基址出土滴水

1. 07GT2②：76-6

2. 07GT3②：24-1

3. 07GT3②：24-2

4. 15GT1东扩②：17

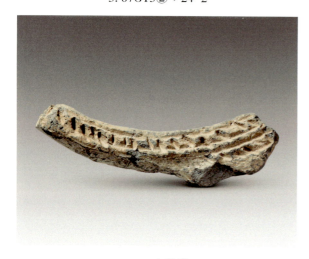

5. 15GT2南扩②：9

6. 15GT2南扩②：13

龟跌山建筑基址出土滴水

1. 15GT3北扩②：25

2. 15GT3北扩②：25（内）

3. 15GT3北扩②：30

4. 15GT4北扩①：21

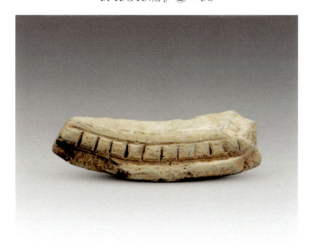

5. 15GT4北扩②：45

6. 15GT4北扩②：62

龟跌山建筑基址出土滴水

1. 15GT4西扩②：66

2. 15GJPG1③：11

3. 15GJPG1⑥：12

4. 07GT3②：29

5. 15GT3北扩①：15

6. 15GT3北扩②：32

龟跌山建筑基址出土滴水

1. 15GT4北扩①：17

4. 15GT4北扩③：44

2. 15GT4北扩③：42

5. 15GT4北扩③：48

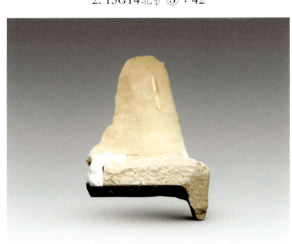

3. 15GT4北扩③：42（侧）

6. 15GT4北扩③：49

7. 15GJPG1③：12

龟跌山建筑基址出土滴水

1. 15GTG1③：6

2. 15GT1南扩②：26

5. 15GT3北扩②：28

3. 15GT1南扩②：26（外）

6. 15GT4北扩①：20

7. 15GT4北扩②：67

4. 15GT1南扩②：26（侧）

龟趺山建筑基址出土滴水

1. 07GT2②：77-1

2. 07GT2②：77-2

3. 07GT2②：78-1

4. 07GT2②：78-2

5. 07GT2②：78-3

6. 07GT2②：78-4

龟跌山建筑基址出土鸱吻

1. 07GT2②：78-5

2. 07GT2②：79

3. 07GT2②：80-1

4. 07GT2②：81-2

5. 07GT2②：91

6. 07GT2②：92

龟跌山建筑基址出土鸱吻

1. 07GT3②：23-1

2. 07GT3②：23-3

3. 07GT3②：23-2

4. 07GT3②：23-2（侧）

5. 07GT3②：23-5

6. 07GT3②：23-6

龟跌山建筑基址出土鸱吻

1. 15GTG1③：5

2. 15GT1东扩②：44

3. 15GT1东扩②：45

4. 15GT1东扩②：46

5. 15GT1东扩②：47

6. 15GT1东扩②：48

龟跌山建筑基址出土鸱吻

1. 15GT1东扩②：50

2. 15GT2南扩②：4

3. 15GT2南扩②：5

4. 15GT3北扩②：24

5. 15GT4北扩①：13

6. 15GT4北扩①：15

龟跌山建筑基址出土鸱吻

1. 15GT4西扩②：31

2. 15GT4北扩②：36

3. 15GT4西扩②：38

4. 15GT4北扩③：28

5. 15GT4北扩③：29

6. 15GT4北扩③：32

龟趺山建筑基址出土鸱吻

1. 鸱吻（15GJPG1⑥：7）

2. 鸱吻（15GJPG1⑥：8）

3. 鸱吻（15GJPG1⑥：9）

4. 兽头（03G：采8）

5. 兽头（03G：采9）

6. 兽头（07GT2②：80-2）

龟跌山建筑基址出土鸱吻、兽头

1. 07GT2②：81-1

2. 07GT2②：81-4

3. 07GT3②：9

4. 07GT3②：26

5. 07GT3②：26（正）

6. 07GT3②：26（背）

龟跌山建筑基址出土兽头

1. 14GT4北扩②：5（正）

2. 14GT4北扩②：5（侧）

3. 15GT1东扩②：30

4. 15GT1东扩②：31

5. 15GT1东扩②：40

6. 15GT1南扩②：41

龟跌山建筑基址出土兽头

1. 15GT1东扩②：42

2. 15GT1南扩②：43

3. 15GT3北扩②：1

4. 15GT3北扩②：1（侧）

龟趺山建筑基址出土兽头

1. 15GT3北扩②：36

2. 15GT3北扩②：36（侧）

3. 15GT3北扩②：37

4. 15GT4北扩①：24

5. 15GT4北扩①：24（内）

龟趺山建筑基址出土兽头

1. 15GT4北扩①：25

2. 15GT4北扩①：25（侧）

3. 15GT4北扩②：27

4. 15GT4北扩②：28

5. 15GT4北扩②：29

6. 15GT4北扩②：30

龟跌山建筑基址出土兽头

1. 15GT4北扩②：32

2. 15GT4北扩②：33

3. 15GT4北扩②：34

4. 15GT4北扩②：35

5. 15GT4北扩②：37

6. 15GT4北扩②：39

龟跌山建筑基址出土兽头

1. 兽头（15GT4北扩②：40）

2. 兽头（15GT4北扩②：41）

3. 兽头（15GT4北扩②：42）

4. 兽头（15GT4北扩③：31）

5. 鸱兽残块（07GT2②：81-3）

6. 鸱兽残块（07GT3②：23-4）

龟趺山建筑基址出土兽头、鸱兽残块

1. 07GT3②：27

2. 07GT4②：49-1

3. 07GT4②：49-2

4. 14GT2西扩①：4

5. 15GT1东扩②：49

6. 15GT4北扩①：12

龟趺山建筑基址出土鸱兽残块

1. 15GT4北扩①：14

2. 15GT4北扩①：26

3. 15GT4北扩③：30

4. 15GT4北扩③：33

5. 15GJPG1③：9

6. 15GJPG1⑥：10

龟跌山建筑基址出土鸱兽残块

1. 花纹砖（14GT2西扩①：1）

2. 花纹砖（15GT2南扩②：6）

3. 刻划砖（15GT1南扩②：51）

4. 刻划砖（15GT1南扩②：51）

5. 长方形沟纹砖（07GT2②：85-1）

6. 长方形沟纹砖（07GT2②：85-1）

龟跌山建筑基址出土砖

1. 长方形沟纹砖（07GT2②：85-2）

2. 长方形沟纹砖（07GT2②：85-2）

3. 方形沟纹砖（07GT2②：86）

4. 方形沟纹砖（07GT2②：86）

5. 方形沟纹砖（07GT2②：90）

6. 方形沟纹砖（07GT2②：90）

龟跌山建筑基址出土砖

1. 菱纹方砖（07GT2②：88）

2. 菱纹方砖（07GT2②：88）

3. 梯形砖（07GT3②：28）

4. 梯形砖（07GT3②：28）

5. 柱础石残块（07GT3②：21-1）

6. 柱础石残块（07GT3②：21-2）

龟跌山建筑基址出土砖、柱础石残块

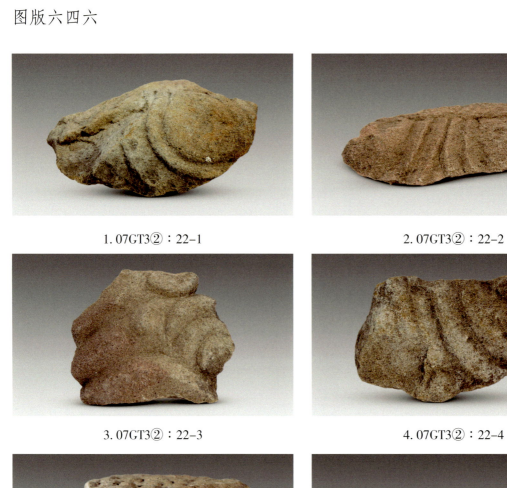

1. 07GT3②：22-1

2. 07GT3②：22-2

3. 07GT3②：22-3

4. 07GT3②：22-4

5. 14GT2西扩①：5

6. 14GT2西扩①：6

7. 14GT4西扩②：6

8. 14GT4西扩②：11

龟趺山建筑基址出土柱础石残块

1. 柱础石残块（15GTG1①：1）

2. 柱础石残块（15GT1南扩②：39）

3. 柱础石残块（15GT4西扩②：72）

4. 柱础石残块（15GT4北扩②：73）

5. 石构件（14GT3北扩①：1）

6. 石构件（15GT3北扩①：17）

7. 碑首龙鳞残片（07GT2②：6–14）

8. 碑首龙鳞残片（07GT1②：27-1）

龟跌山建筑基址出土柱础石残块、石构件、碑首龙鳞残片

1. 07GT2②：64-1

2. 07GT2②：67-2

3. 07GT2②：71-1

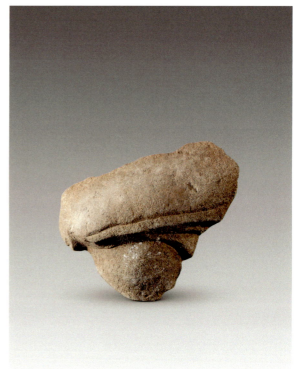

4. 07GT4②：42-12

龟趺山建筑基址出土碑首龙鳞残片

1. 碑首龙鳞残片（07GT1②：13-5）

2. 碑首汉字残片（07GT4②：23）

3. 碑首汉字残片（07GT4②：38-1）

4. 契丹大字碑文残片（07GT2②：36-1）

5. 契丹大字碑文残片（07GT1②：23-8）

6. 契丹大字碑文残片（07GT2②：32-3）

龟趺山建筑基址出土碑首残片、契丹大字碑文残片

1. 07GT1②：21-18

2. 07GT2②：7-2

3. 07GT2②：59-11

4. 07GT2②：47-4

龟趺山建筑基址出土契丹大字碑文残片

1. 07GT2②：19-1

2. 07GT2②：28-1

龟趺山建筑基址出土契丹大字碑文残片

1. 07GT2②：29-1

2. 15GT1南扩②：38

龟趺山建筑基址出土契丹大字碑文残片

1. 15G：采1

2. 07GT2②：31-1

龟趺山建筑基址出土契丹大字碑文残片

龟趺山建筑基址出土契丹大字碑文残片（07GT4②：40-1）

1. 07GT1②：18

2. 07GT2②：24-1

龟趺山建筑基址出土契丹大字碑文残片

1. 07GT2②：62

2. 07GT2②：52-1

龟趺山建筑基址出土契丹大字碑文残片

1. 07GT2②：29-2

2. 07GT3②：19-7

龟趺山建筑基址出土契丹大字碑文残片

1. 07GT2②：12-1

2. 07GT2②：26-2

3. 07GT2②：20-1

龟趺山建筑基址出土契丹大字碑文残片

1. 07GT2②：12-2

2. 07GT2②：30-1

3. 07GT2②：3-1

龟趺山建筑基址出土契丹大字碑文残片

1. 07GT1②：23-2

2. 07GT1②：7-3

龟趺山建筑基址出土契丹大字碑文残片

1. 07GT1②：23-1

2. 07GT2②：46-3

龟趺山建筑基址出土契丹大字碑文残片

1. 契丹大字碑文残片（15G：采2）

2. 契丹大字碑文残片（07GT2②：44-3）

3. 汉字碑文残片（07GT3②：17-2）

4. 汉字碑文残片（07GT3②：14-8）

龟趺山建筑基址出土契丹大字碑文残片、汉字碑文残片

1. 07GT4② : 36–11

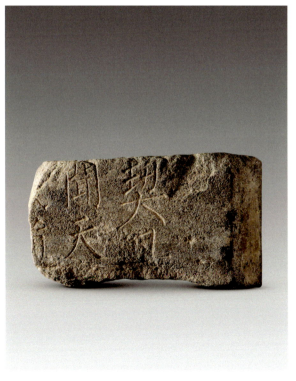

2. 07GT4② : 10–1

3. 07GT4② : 27–1

4. 07GT2② : 60–2

龟趺山建筑基址出土汉字碑文残片

1. 07GT4②：2 2. 07GT4②：29-1

龟趺山建筑基址出土汉字碑文残片

1. 07GT2②：11-7

2. 07GT4②：6-4

龟趺山建筑基址出土汉字碑文残片

1. 07GT3②：3-1

2. 07GT4②：41-1

龟趺山建筑基址出土汉字碑文残片

1. 07GT3②：8-1

2. 07GT2②：6-1

龟趺山建筑基址出土汉字碑文残片

1. 07GT2②：18

2. 07GT4②：26-1

龟趺山建筑基址出土汉字碑文残片

1. 07GT4②：41-2

2. 07GT4②：11-1

龟跌山建筑基址出土汉字碑文残片

1. 07GT4②：26–2

2. 07GT4②：32–6

龟趺山建筑基址出土汉字碑文残片

1. 07GT1② ：10-1

2. 07GT4② ：3

龟趺山建筑基址出土汉字碑文残片

龟趺山建筑基址出土汉字碑文残片（07GT3②：13）

1. 07GT2②：42-1

2. 07GT3②：11-2

龟趺山建筑基址出土汉字碑文残片

1. 07GT2②：33

2. 07GT4②：5-1

3. 07GT3②：4-1

4. 07GT3②：14-9

龟跌山建筑基址出土汉字碑文残片

1. 07GT4②：37-10　　　　2. 07GT2②：27-12　　　　3. 07GT4②：20-3

4. 采：43

龟趺山建筑基址出土汉字碑文残片

1. 07GT4②：34-1

2. 07GT4②：24-9

3. 07GT3②：6

4. 采：87

龟跌山建筑基址出土汉字碑文残片

1. 采：50

2. 采：59

3. 07GT4② : 14-1

4. 07GT2② : 46-4

龟趺山建筑基址出土汉字碑文残片

1. 汉字碑文残片（14GT3北扩①：2）

2. 不可辨碑文残片（07GT1②：21-39）

3. 不可辨碑文残片（07GT2②：22-9）

4. 不可辨碑文残片（07GT2②：60-4）

龟趺山建筑基址出土汉字碑文残片、不可辨碑文残片

1. 采：3

2. 采：1

3. 采：14

4. 采：45

龟趺山建筑基址出土经幢残片

1. WJ2地表遗物（西－东）

2. WJ2残存遗迹断面（东－西）

3. 几何纹瓦当（03WJ2：采1）

陵园外二号建筑基址

1. 地表遗物局部（南—北）

2. 地表采集沟纹砖

3. 碑文残片（03WJ4：采1）

陵园外四号建筑基址遗物

陵园外五号建筑基址（北—南）

1. 地表遗物（南—北）

2. 琉璃滴水残片

3. 龙鳞纹碑残片

陵园外五号建筑基址第一层台地基址遗物

陵园外五号建筑基址第一层通往第二层基址的石踏道（东—西）

1. 瓷器口沿（03WJ5：采8）

2. 瓷器口沿（03WJ5：采9）

3. 瓷器口沿（03WJ5：采11）

4. 瓷器腹片（03WJ5：采10）

5. 铁器（03WJ5：采12）

6. 龙纹石制品（03WJ5：采2）

陵园外五号建筑基址出土瓷器、铁器、石制品

1. 施釉板瓦（03WJ5：采7）

2. 几何纹瓦当（03WJ5：采4）

3. 几何纹瓦当（03WJ5：采5）

4. 几何纹瓦当（03WJ5：采6）

5. 施釉滴水（03WJ5：采3）

6. 施釉滴水（03WJ5：采3）外

陵园外五号建筑基址出土板瓦、瓦当、滴水

1. 03WJ5：采1-1

2. 03WJ5：采1-2

3. 03WJ5：采1-3

4. 03WJ5：采1-4

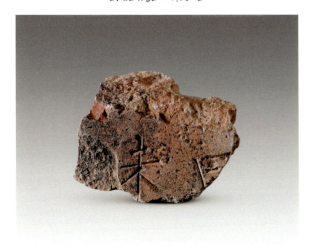

5. 03WJ5：采1-5

陵园外五号建筑基址出土石刻残片

1. 南"鹊台"遗址（北—南）

2. 辽代道路2003WL1局部（辽祖州城至辽祖陵陵园）
（西—东）

鹊台和陵园外神道

1. 辽代道路2003WL1局部（辽祖州城至辽祖陵陵园）(西—东)

2. 2003WJ3平台石护墙局部（南—北）

鹊台和陵园外神道

1. 东—西

2. 西—东

辽太祖陵陪葬墓区——漫岐嘎山南麓山谷内被盗墓

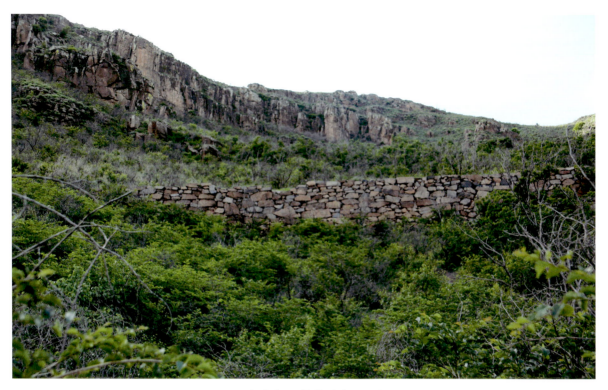

1. 平台南侧石护坡（南—北）

2. 平台和石护坡（南—北）

辽太祖陵陪葬墓区——平台和石护坡

辽祖州城正射影像图（下为南）

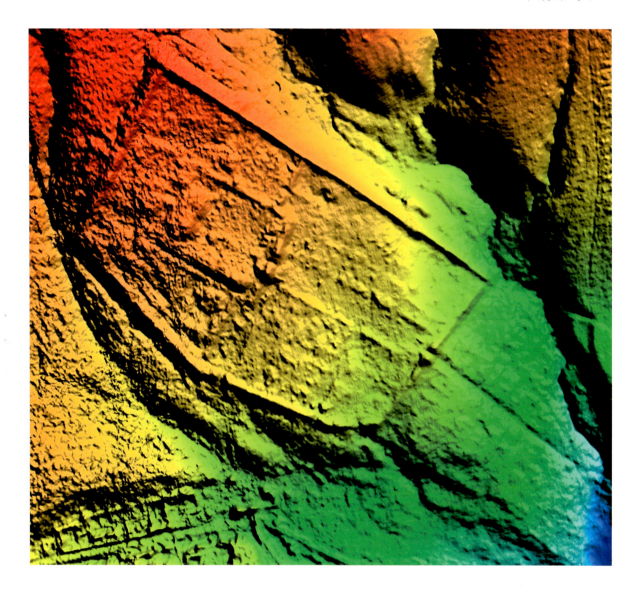

辽祖州城高程图（下为南）

图版六九四

辽祖州城等高线图（下为南）

辽祖州城东门外遗迹（东—西）

1. 祖州城西北角石室基址（南-北）

2. 祖州城东门外水井

1. 施釉板瓦（03MBZC：采1）外

4. 板瓦（20MBZC：采23）外

2. 施釉板瓦（20MBZC：采24）外

5. 板瓦（20MBZC：采23）内

3. 施釉板瓦（20MBZC：采24）内

1. 18MBZC：采1（外）

2. 18MBZC：采1（内）

3. 20MBZC：采16（外）

4. 20MBZC：采16（内）

5. 20MBZC：采18（外）

6. 20MBZC：采18（内）

祖州城采集施釉筒瓦

1. 20MBZC：采20（外）

2. 20MBZC：采6（外）

3. 20MBZC：采17（外）

4. 20MBZC：采17（内）

5. 20MBZC：采3（外）

6. 20MBZC：采3（内）

祖州城采集施釉筒瓦

1. 筒瓦（20MBZC：采22）外

2. 筒瓦（20MBZC：采22）内

3. 筒瓦（20MBZC：采25）外

4. 筒瓦（20MBZC：采25）内

5. 施釉瓦当（20MBZC：采21）外

6. 施釉瓦当（20MBZC：采21）内

祖州城采集筒瓦、瓦当

1. 莲花纹瓦当（20MBZC：采15）

2. 莲花纹瓦当（20MBZC：采14）

3. 施釉滴水（20MBZC：采8）

4. 施釉滴水（20MBZC：采10）

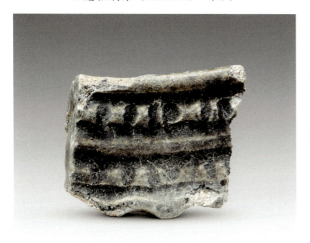

5. 施釉滴水（20MBZC：采12）

6. 施釉滴水（20MBZC：采13）

祖州城采集瓦当、滴水

1. 20MBZC：采1

4. 20MBZC：采2

2. 20MBZC：采1（外）

5. 20MBZC：采2（内）

3. 20MBZC：采1（内）

6. 20MBZC：采4

祖州城采集滴水

1. 滴水（20MBZC：采7）

2. 滴水（20MBZC：采5）

3. 滴水（20MBZC：采9）

4. 滴水（20MBZC：采9）外

5. 滴水（20MBZC：采11）

6. 施釉鸱兽残块（20MBZC：采19）

7. 菱纹砖（20MBZC：采26）

8. 菱纹砖（20MBZC：采26）

祖州城采集滴水、鸱兽、砖

1. 侧柏属横切面

2. 侧柏属径切面

3. 侧柏属弦切面

4. 硬木松横切面

5. 硬木松径切面

6. 硬木松弦切面

1. 鎏金铁钉(07 PM1∶35)表面鎏金层

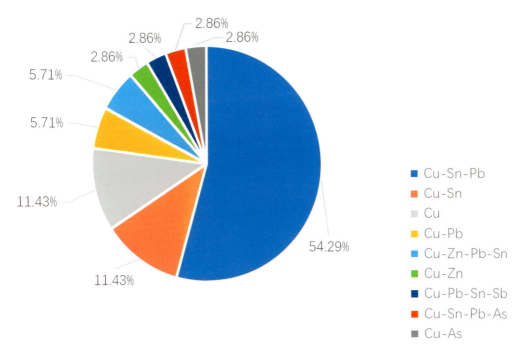

2. 铜器合金成分比例图

辽祖陵遗址出土铁器、铜器研究

1
2
3
4
5
6
7
8
9
10

0   2 厘米

辽祖陵和辽上京遗址出土玻璃样品（序号为样品检测号）

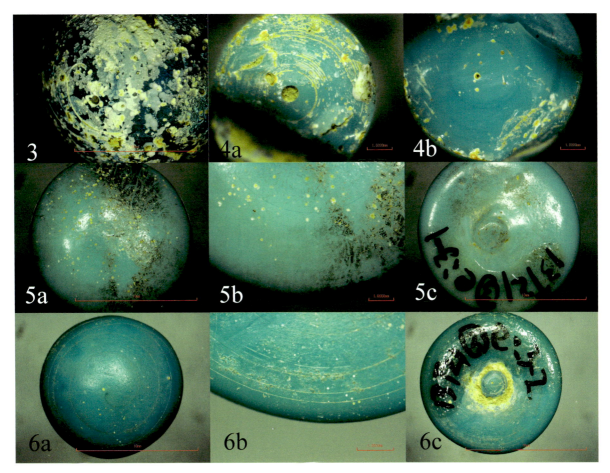

3. 3号样品　4. 4号样品（4a. 样品风化较严重的断面，4b. 样品风化较轻的断面）　5. 5号样品（5a. 样品弧面，5b. 样品弧面局部，5c. 样品底面）　6. 6号样品（6a. 样品弧面，6b. 样品底面局部，6c. 样品底面）

玻璃样品在体视显微镜下的图像

1.07PM1：232样品显微观察　　　　　　2.07PM1：232样品显微观察

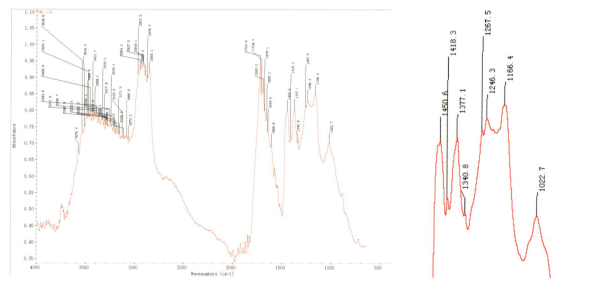

3.07PM1：232红外光谱图　　　　　4.07PM1：232红外光谱特征吸收峰

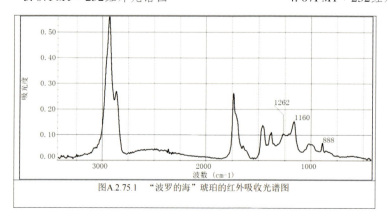

图A.2.75.1 "波罗的海"琥珀的红外吸收光谱图

5.波罗的海琥珀的红外吸收光谱图

一号陪葬墓出土琥珀分析